コンパクト版　保育内容シリーズ①

健　康

谷田貝公昭　[監修]
谷田貝公昭・髙橋弥生　[編著]

一藝社

監修のことば

　2017（平成29）年に「幼稚園教育要領」「保育所保育指針」「幼保連携型認定こども園教育・保育要領」が改訂（改定）され、そろって告示された。2018年4月より実施される。

　今回の改訂は、3つの施設、すなわち幼稚園、保育所、認定こども園を、幼児教育施設として認め、学校教育の基礎を培う場として、小学校以上の教育とのつながりを明確にしたことが特徴といえる。

　それぞれの園で就学までに「知識及び技能の基礎」「思考力、判断力、表現力の基礎」「学びに向かう力、人間性等」の3つの資質・能力を育てることを求め、それらの資質・能力の表れる具体的姿として、10の姿を挙げた。

　(1) 健康な心と体 －（領域）健康
　(2) 自立心 －（領域）人間関係
　(3) 協同性 －（領域）人間関係、
　(4) 道徳性・規範意識の芽生え －（領域）人間関係
　(5) 社会生活との関わり －（領域）人間関係
　(6) 思考力の芽生え －（領域）環境
　(7) 自然との関わり・生命尊重 －（領域）環境
　(8) 数量や図形、標識や文字などへの関心・感覚 －（領域）環境
　(9) 言葉による伝え合い －（領域）言葉
　(10) 豊かな感性と表現 －（領域）表現

である。

　これらは、幼児期にすべて完成し、確実にできるようになるということではなく、子どもたちが育っている方向性を表しているとしている。換言すれば、保育者と小学校の先生が「幼児期の終わりまでに育ってほしい姿」を共有するということである。

本「コンパクト版保育内容シリーズ」は、全体的には「健康」「人間関係」「環境」「言葉」「音楽表現」「造形表現」の6巻構成とした。

　本シリーズが完成したことは、なんといってもそれぞれの巻を担当した編者の努力に負うところが大きい。記して御礼申し上げたい。

　編者には、先の3法令を踏まえ、目次を立て、各章でぜひ取り上げてほしいことについて、キーワードをあげる作業をお願いした。また、保育内容の授業は、それぞれ15回実施することになっていることから、15章立てとした。

　執筆者は、それぞれの研究専門領域で活躍している人たちである。しかしながら複数の共同執筆者による協力的な著作であることから、論旨の統一や表現の調整に若干の不統一は免れ得ないが、多方からの批判叱正をお願いしたい。

　本シリーズが保育者養成課程にある諸子や保育現場の諸方にとって、研修と教養の一助ともなれば、執筆者一同、望外の喜びとするところである。

　なお、巻末に、「幼稚園教育要領」(抜粋)、「保育所保育指針」(抜粋)をつけた。ご利用いただければ幸いである。

　最後に、企画の段階から協力推進していただいた一藝社の菊池公男社長、小野道子常務、そして、編集担当の藤井千津子さん、松澤隆さん、川田直美さんに、衷心より御礼申し上げる。

2018年2月吉日

監修者　谷田貝公昭

まえがき

　今年は冬季五輪が開催される年である。スケートを始め、スキーやスノーボード、アイスホッケーなど、メダルが期待される日本人選手がたくさんいる。近年スポーツ界では、水泳や体操、サッカー、野球など、10代の若い選手が世界で活躍している。これまで全く歯が立たなかった陸上の短距離でも、欧米の選手に引けを取らない成績を残す選手が出現してきているのである。一見すると日本の若い世代の体力、運動能力は向上しているように感じる。ところが最近、体育の家庭教師に人気が集まっているという話も耳にする。というのも、逆上がりや縄跳び、跳び箱などの体育実技が上手くできないため、家庭教師の個人レッスンを受けてできるようにしたいという子どもが増えているのだそうだ。運動会の前になると、走り方教室が開催され、早く走れると謳っている運動靴が良く売れるらしい。このように非常に優秀な子どもと、学校の体育の授業でさえ大変になっている子どもが存在するという現状は、彼らの体力や運動能力に格差が生じているということを示しているといえる。

　このような状況が惹起されている背景には、家庭環境をはじめとする、子どもを取り巻く環境に格差が生まれていることが一因と考えられるだろう。乳幼児期は、自らの体を使って様々な体験をすることが発達上重要であり、生き生きとしている子どもは自ら体を動かしながら学んでいく。しかし、子育ての知識も経験も乏しく、不安を抱えた親にとっては、動き回る子どもの姿が時に負担になっているのかもしれない。また、近隣の公園などでも自由に遊びづらくなっている現状がある。例えば不衛生な砂場、子どもの声に対するクレーム、整備不良の遊具等である。子どもが健康に発達していくには不十分な環境といえる。このような環境を補うのが幼稚園や保育所のような保育施設であろう。ところが、現代

においてはこの保育施設でさえ十分な環境が整っていない場合が散見されるようになってきている。いわゆる待機児童対策のための規制緩和により、園庭のない保育施設は珍しくなくなっているのである。

　このような状況下で求められるのは、保育者の知恵と技術ではないだろうか。環境が悪いからと、子どもの健康をないがしろにすることはできないのである。ましてや、近年はアレルギーのある子どもやアンバランスな発達をしている子ども、生活リズムが乱れている子どもが増えている。保育者は自らが関わる全ての子どもの健康と安全を守らなければならない。本書は、現代の保育者が備えるべき知識を、実践例など含めてわかりやすく編集したつもりである。もちろん、平成30年から施行される新しい幼稚園教育要領や保育所保育指針、幼保連携型認定こども園教育・保育要領の内容にも合致している。本書が保育を学ぶ学生の助けになり、質の高い保育者の養成に少しでも貢献できれば幸いである。

　最後に、本書の出版にご協力いただいた一藝社菊池公男社長、編集にご尽力いただいた川田直美さんに心より感謝申し上げたい。

2018年2月

編者　谷田貝公昭
　　　高橋　弥生

もくじ

監修のことば 2
まえがき 4

第1章 子どもの健康とは

第1節 健康とは 9
第2節 幼児の健康 12
第3節 子どもをとりまく若干の問題 13

第2章 現代の子どもの健康の諸問題

第1節 現代社会における子どもと健康生活 17
第2節 保育における健康問題と生活改善 21

第3章 子どもの心身の成長

第1節 身体の発育 25
第2節 機能の発達 26
第3節 成長の原理と特徴 31

第4章 子どもの運動機能の発達

第1節 運動の発達 33
第2節 幼児期運動指針 39

第5章 基本的生活習慣の自立

第1節 基本的生活習慣とは 41
第2節 基本的生活習慣の発達基準とは 44
第3節 基本的生活習慣の取り扱い 44

第6章　安全保育と健康

　　第1節　幼児のけがの実態　49
　　第2節　幼児の安全教育　50
　　第3節　災害時の対応　51
　　第4節　積極的安全保育　52

第7章　領域「健康」のねらいと内容－3歳未満－

　　第1節　新保育所保育指針（平成29年告示）での扱い　57
　　第2節　乳児期のねらいと保育内容　58
　　第3節　1歳以上3歳未満のねらいと保育内容　61

第8章　領域「健康」のねらいと内容－3歳以上－

　　第1節　「教育要領」「保育指針」「教育・保育要領」新旧の比較　65
　　第2節　「内容」の読み方と「内容の取り扱い」からみた保育の在り方　68
　　第3節　小学校との接続を意識した取り組みを　72

第9章　運動能力を高める遊び

　　第1節　子どもを取り巻く現状　73
　　第2節　運動遊び　74

第10章　基本的習慣の指導

　　第1節　子どもの基本的生活習慣とは　81
　　第2節　基本的生活習慣の育成　83
　　第3節　基本的生活習慣の指導　86

第11章　食育活動による健康指導

第1節　食育に関わる法規　*89*
第2節　幼稚園教育要領、保育所保育指針における食育　*91*
第3節　子どもの食に関わる課題　*93*
第4節　園での食育実践　*95*

第12章　子どもの病気とアレルギー対応

第1節　病気とその対応　*97*
第2節　子どものアレルギーへの対応　*102*

第13章　特別に支援の必要な子どもの健康指導

第1節　「特別な支援が必要な子ども」とは　*105*
第2節　特別な支援が必要な子どもの健康指導の原則　*107*
第3節　特別な支援が必要な子どもの健康指導の実践　*109*

第14章　事故防止と安全管理の実際

第1節　安全管理と安全教育の必要性　*113*
第2節　保育現場における事故の実際　*114*
第3節　子どもの事故原因とその特徴　*115*
第4節　事故の防止と安全な生活のために　*118*

第15章　領域「健康」の計画と評価

第1節　健康な心と体を育むために　*121*
第2節　領域「健康」における指導計画　*122*
第3節　領域「健康」における評価　*125*

付録（関連資料）　*129*
監修者・編著者紹介　*143*
執筆者紹介　*144*

第1章　子どもの健康とは

第1節　健康とは

　親や保育者は、誰しも子どもが心身ともに健やかに、たくましく育ってほしいと願っている。しかし、最近の子どもは、体格はよくなったが、体力が伴わないとか、すばしっこいがたくましさに欠けるとか、電子機器の扱いは上手だが、手指が不器用だなどと言われている。中でも基礎体力の低下や不器用になったことは、大方の認めるところである。

　ところで、健康な子どもとは、一体どんな子どもをいうのであろうか。ひとくちに「健康」といっても、その意味するところは、必ずしも明確ではない。そこで、これまで公的に述べられてきた健康観をとりあげて考えてみることにする。

　1946年、WHO（世界保健機構、World Health Organization）の世界保健に関する憲章では、まず、

「人は、人種・宗教・政派・経済的・または社会的状態の差別なしに、実現できる限り、最高水準の健康を受ける権利を持っている。すべての国民の健康は、平和と安全とを達成する基礎であり、それは個人と国家との安全な協力によってなしとげられる。」

と述べ、ついで健康に関して次のように定義している。

「健康とは、ただ病気や虚弱でないというだけではなく、肉体的・精神的、ならびに社会的に完全に良好な状態である」

　これは、身体が病気でなければよいといった従来の消極的な健康観から一歩出て、精神衛生的概念をも含めた広義なものとして打ち出してい

るといえる。

　この考え方は、ユネスコ（国際教育科学文化機構　United Nations Educational Scientific and Cultural Organization）の示すしつけ5原則においても次のように述べられている。

　「これまで健康というと普通、身体的なそれを指してきたが、今後健康という場合には、かならず精神的健康ということを含めて考えなければならない」

　また、日本国憲法第25条には、次のように規定されている。

　「すべて国民は、健康で文化的な最低限度の生活を営む権利を有する。国には、すべての生活部面において、社会福祉、社会保障および公衆衛生の向上および増進に努めなければならない」

　教育基本法では、

　「教育は、人格の完成を目指し、平和で民主的な国家及び社会の形成者として必要な資質を備えた心身ともに健康な国民の育成を期して行わなければならない」

としている。さらに、児童に関しては、児童憲章において

　「児童は、人として尊ばれる。

児童は、社会の一員として重んぜられる。

児童は、よい環境の中で育てられる。

一.すべての児童は、心身ともに健やかにうまれ、育てられ、その生活を保障される。

三.すべての児童は、適当な栄養と住居と被服が与えられ、また疾病と災害からまもられる。

九.すべての児童は、よい遊び場と文化財を用意され、わるい環境からまもられる。

十一.すべての児童は、身体が不自由な場合、または精神の機能が不十分な場合に、適切な治療と保護が与えられる」

　として、健康であることが、人間として、国家として、そして社会的

立場からも基本的にきわめて重要であることを強調している。

　しかし、これらの法文は、全く理想として掲げられているだけあって、現実にはほとんど実現されているとはいえない。また、これまでみてきたことのすべてを満たすことは、現実には不可能なことである。したがって、これらは、一歩でも近づくための努力目標であると考える方が妥当であろう。

　さらに、大切なことは、もはや心身両面を考えることなくして、健康を考えることができなくなってきている。このことは、近年急速に発展しつつある心身医学の原理や、心身症といわれるものをみれば、いかに心と体の相関が高いか理解できる。

　スイスの医学者メダルト・ボス（Medard Boss　1903～1990）は、「私たちは精神的原因と身体的原因との間に、原則としてつねにいわゆる相補的な関係を考えねばなりません。つまり、身体的に著明な疾病準備状態があれば発病するのにほんのわずかな精神的原因があればよく、またその逆も成り立つ、ということです。例えばある例で、体質または身体的虚弱さが必要な全原因の四分の三に達していれば、その人は残り四分の一、つまりわずかな精神的契機によって発病するでしょう。これに対して前もって強い神経症的抑圧が存在しているような例では、発病に十分な原因がそろうには、もうほんのわずかな身体的疾病準備状態があり、感染の機会があれば足りるわけです」と述べている。

　このように、心理的原因が、身体症状を引き起こすことはまれではない。なかでも、大人に比べて心身の未分化、未成熟な幼児においては、なおさらのことである。この点、家庭のみならず、園においても十分な配慮を必要とするといえる。

第2節 幼児の健康

　幼稚園の目的について、学校教育法第22条において「幼稚園は、義務教育及びその後の教育の基礎を培うものとして、幼児を保育し、幼児の健やかな成長のために適当な環境を与えて、その心身の発達を助長することを目的とする。」とし、第23条において５つの目標を示している。
　その第一番目に
「健康、安全で幸福な生活のために必要な基本的な習慣を養い、身体諸機能の調和的発達を図ること。」と明示している。
　いの一番にあげられているのが、健康である。幸福のとらえ方はともかくとして、その一番基礎にあるものは健康であるということであろう。
　領域「健康」の「ねらい」と「内容」については、巻末の「関連資料」を参照されたい。
　幼児の健康の条件として、幼稚園教育指導書（昭和44年）には、以下のことが記述されている。
　①毎日の生活を円滑に行なっていけるような体力をもっていて、かつ、身心が環境に対して適応でき、毎日の疲労は休息をすることによって回復することができる。
　②身心の発達が順調である。
　③いつも食欲があって、楽しみながら食べられ、何をどれだけ食べればよいか知っていて、これらの食物を適当にとることができるような習慣や態度ができている。
　④治療しなければならないというような病気をもっていても、治療の必要のない状態であって、何の苦痛も感じない。
　⑤姿勢がいつも正しく保たれている。
　⑥自分の健康ばかりでなく、他人の健康についても関心をもっていて、自分の健康に注意し、他人の健康についても協力できるような態度が

できている。

　通常、親や保育者のいっている「健康な子ども」とは④を指していることが多く、ほかの条件に対する配慮が欠けているといえよう。これらの条件は、幼児期においては、程度の差はあるにしても、全てがあてはまるといえる。

第3節　子どもをとりまく若干の問題

1　子どもをとりまく若干の問題

　現代の子どもをとりまく環境をみたとき、様々な問題を指摘できる。詳しくは次章で取り上げるので、ここでは若干の問題をあげることにする。幼児教育の必要性課題の一つでもある、基本的生活習慣が確立していない。物が豊富になって便利になった反面、手先が不器用になった。様々なからだの惜しさ（朝からあくび、転んだときに手が出ない）や、体格は良くなったが体力は低下した等をはじめ、次々に挙げることができる。そこで、以下、手先が不器用になったことの代表格ともいえる箸の持ち方、使い方とおむつの離脱の遅れについて取り上げることとする。

図表1-1　箸の持ち方、使い方

年齢	持ち方(%)	使い方(%)
3〜4歳	7.0	2.3
5〜6歳	13.2	5.1
小低学年	17.6	8.7
小中学年	28.1	17.1
小高学年	33.1	2.9
中学生	43.9	30.5
高校生	39.3	30.8
18〜20歳	46.9	40.6
21〜24歳	50.8	42.9
25〜29歳	51.6	39.1
30〜34歳	60.5	56.5
35〜39歳	61.0	49.6
40〜45歳	57.8	48.4
45〜49歳	58.9	53.2
50〜54歳	50.0	48.4
55〜59歳	51.2	46.3
60〜64歳	53.4	39.7
65〜69歳	57.6	47.5
70〜74歳	63.4	46.3
75歳以上	45.6	26.6

出典：筆者作成

2　子どもも大人も箸が使えない

　世界中の人たちの食事の仕方は、大雑把にいって3通りある。手づかみで食べる人たち、フォークとナイフとスプーンで食べる人たち、そして箸で食べる人たちである。その割合は

4：3：3くらいである。

　箸は、1300年以上もの伝統を持つわが国の代表的文化の一つであるから、日本人として生まれたとき、箸を使って食べるのは宿命的だといえる。前頁**図表1-1**は、3歳児から大人まで3,006名を対象に「自分は、箸をまともに持って使っている」と思っている実態と、実際に使ってもらった結果を示したものである。

　山下俊郎（1903〜1982）博士が、昭和10年から11年にかけて実施した箸に関する調査研究をみると、幼児期にいわゆる大人並みの持ち方で使えるのが普通であった。

　現代の子どもたちや大人たちはどうであろうか。**図表1-1**からわかるように、伝統的な持ち方をしている子は、3〜4歳児7.0％である。5〜6歳児で13.2％であるから、1割をちょっと超える程度である。きちんと持って使っている子は、もっと低く3〜4歳児2.3％、5〜6歳児で5.1％である。めちゃくちゃの一語につきるのである。持ち方の最も好成績の年代は、70〜74歳で63.4％、使い方では、30〜34歳で56.5％である。一般の精神発達検査作成と同様、同一年年齢段児（者）の70〜75％が満足することを持って自立（できる）と考えると、箸の持ち方も使い方も自立している年代がないのである。このことからも明らかなように、現代の子どもと言わず大人でも箸をまともに持って使っている人は少なくなってきているのである。これは、子どものモデルとなるべき親・園の保育者、大人がモデルになりきれていないこと、また何が正しいのかわからなくなってきていることに大きな原因があろう。箸は、伝統的な持ち方で持って使うのが箸の持っている機能を最も発揮しやすいし、美しく見えるのである。美しく食べるということは食事の基本でもあるのである。

3　おむつがとれない

　次頁**図表1-2**は、おむつ使用児について山下博士の調査結果（以下、

図表1-2　おむつ使用児の比較

年齢	本調査(%)	山下調査(%)	年齢	本調査(%)	山下調査(%)
0.6〜1.0	100.00	100.00	4.6〜5.0	11.11	0.00
1.0〜1.6	100.00	96.30	5.0〜5.6	0.98	0.00
1.6〜2.0	100.00	61.11	5.6〜6.0	1.02	0.00
2.0〜2.6	95.12	33.33	6.0〜6.6	0.00	0.00
2.6〜3.0	72.09	16.22	6.6〜7.0	0.00	0.00
3.0〜3.6	43.48	6.90	7.0〜8.0	0.00	0.00
3.6〜4.0	19.75	6.06	7.6〜8.0	0.00	0.00
4.0〜4.6	10.99	0.00	8.0〜8.6	0.00	0.00
			8.6〜9.0	0.00	0.00

出典：筆者作成

山下調査と呼ぶ）と谷田貝公昭らが、平成15年に実施した調査結果（以下、本調査と呼ぶ）とを比較したものである。

　これを見ると、山下調査は２歳児以降急速におむつ使用児が減少しており、４歳以降は０％である。しかし、本調査においては、２歳６カ月の段階では７割を超える幼児がおむつを使用しているのである。

　本調査におけるおむつ使用離脱の標準年齢は３歳６カ月である。つまり、70年前に比べておむつ離れが１年も遅れているということである。

　これは、**図表1-2**からも見てとれる。山下調査では、使用終期のピークは１歳から１歳６カ月で、ここまでに全幼児の５割近くがおむつ離れをしている。しかし、本調査では、２歳以降におむつ離れが始まり、４歳までに多くの幼児がおむつ使用の終期を迎えるのである。

　おむつ使用離脱の遅れは、かつては幼稚園でおむつをしている幼児はほとんどみられなかったが、現代ではどこの園でも普通に見られ、常態化していることからも納得できる。

　おむつ使用離脱の遅れの原因としては、とくに母親のそのことに関する意識の変化があるように思われる。家庭でおむつをとる努力をしなくても、園でなんとかしてくれると思っているふしがある。そうしたことは、園の保育者から聞くこともある。

4　幼児期の終わりまでに育ってほしい姿

　幼稚園教育要領第１章総則第２幼稚園において育みたい資質・能力及

び「幼児期の終わりまでに育ってほしい姿」として「1.幼稚園においては、生きる力の基礎を育むため、この章の第一に示す幼稚園教育の基本を踏まえ、次に掲げる資質・能力を一体的に育むよう努めるものとする。」とし、以下の3点を示している。

　①知識及び技能の基礎
　②思考力、判断力、表現力等の基礎
　③学びに向かう力、人間性等

そこで、資質・能力の3つの柱を踏まえて具体的に以下のような10項目を示している。

　①健康な心と体　②自立心　③共同性　④道徳性・規範意識の芽生え
　⑤社会生活のかかわり　⑥思考力の芽生え
　⑦自然との関わり・生命尊重
　⑧数量や図形、標識や文字などへの関心・感覚
　⑨ことばによる伝え合い⑩豊かな感性と表現

これらは、到達目標ではなく、園終了までに育ってほしい姿を示したものである。

【引用・参考文献】
　メダルト・ボス著、三好郁男訳『心身医学入門』みすず書房、1966年
　文部省『幼稚園教育指導書・領域編　健康』フレーベル館、1969年
　谷田貝公昭監修、谷田貝公昭・髙橋弥生編著『実践保育内容シリーズ1　健康』一藝社、2014年
　谷田貝公昭、高橋弥生著『データでみる幼児の基本的生活習慣―基本的生活習慣の発達基準に関する研究』一藝社、2007年
　山下俊郎著『保育学講座5　幼児の生活指導』フレーベル館、1970年

（谷田貝公昭）

第2章 現代の子どもの健康の諸問題

第1節 現代社会における子どもと健康生活

　古今東西・老若男女を問わず、人生にとって、最も大切なことは健康で、生き甲斐をもって過ごすことである。生まれてくる胎児が胎内にいる頃から、健康で五体満足な子が授かることを親は祈り、生まれてからは家族の一員として、健やかに元気で生活できるように願ってきた人類の思いの経緯がある。

　本章では、保育の視点からみた健康生活における健康を司る3つの柱には、『運動』（活動的遊び：遊育）・『栄養』（食行動：食育）・『休養』（睡眠状況：寝育）を中心に、乳幼児期（胎児期も含む）から児童期にかけての健全な生活の実態を把握することにより、保育によって、多角的・多面的に影響を及ぼす諸問題とそれぞれの要因との関連を明らかにしようとする試みであり、子どもの未来のため、保育現場と医療現場が協力することにより、『子どもの健康への道』を探求したい。

1　現代社会における子どもと健康生活

　現代の健康に関わる諸問題は、それぞれの歴史的変遷と社会的背景と密接な関係があり、子どもの頃からの健康な生活の過ごし方が、健全な成育を促し、生涯の基盤づくりとして重要な役割を果たしている。

　ここでは、現代社会における子どもと健康生活との関係を明らかにするため、今と昔の子どもを取り巻く生活環境が時代の移り変わりの中でどのように変化していくのか理解することから始めよう。

胎児期・新生児期・乳児期・幼児期・児童期を経て、身近な社会を形成する過程の中で、健康にどのように影響を及ぼしてきたのか、身体だけではなく、心の健康との関連を問い直し、集団の中でどのような心身の成育が望ましいのか、子どもの健康生活の在り方を見直すことにする。

2　現代っ子の健康に影響を及ぼす要因

　今日の社会的特徴として、新しく加わった条件には、インターネットや携帯電話の普及が挙げられる。新しい情報を収集し、常に情報源を活用できるプラス的要因は大きく、世の中が便利になったことは疑う余地はないが、過剰な情報を選別することは容易ではなく、間違った情報を信じてしまう恐れがあり、子どもの心身の発育・発達にマイナス的要因を生み出す可能性がある。しかし、ICTをうまく活用すれば、大人が子どもを守るためのシステムを開発でき、非社会的行動としての暴力行為や幼児虐待等を防止することができる。

　また、現代の子ども達は、「運動能力の低下」が保育・教育現場で叫ばれ、成長のつまずきによる「形態や機能の不全」にも影響を及ぼしてきた。

　幼児健康学分野では、原田碩三・米谷光弘らが指摘するように、発育発達のひとつの目安となる体格（体型：身長・体重等）も、運動能力（基礎運動能力：走・跳・投）と同様に、運動能力が良い子と悪い子、身長が高い子と低い子、肥え過ぎる子と痩せ過ぎる子など、両極端に分布する傾向にある。

　最近の保育・教育現場では、姿勢や体形の悪さなどの問題が幼い時から積み重なり、「手先の不器用さ」・「土踏まず等の足骨の未形成」・「X脚・O脚等の脚や膝関節の変形」・「脊柱彎曲等の背骨の歪み」など、目に見える形として確認でき、また、筋力や筋肉の衰えなどの問題としては、「足腰の筋力・背筋力等の弱さ」に代表され、「長い距離を歩くことができない子」が増え、今日のように、子ども達が、戸外での自然環境の中で、元気に遊ばなくなったことが危惧されている。

"明日をよりよく生きるために、幼児期から今何をしたらよいのか"総合的に検討することが急務である。

このことは、医療現場において、「腰痛」・「肩こり」・「偏頭痛」等の身体の痛みやおかしさを訴える子などが診断されているが、保育現場においては、身体的な疲れやすさだけでなく、精神的な『知・情・意』に関わる「物事に集中できない子」・「すぐ"疲れた"という子」・「長続きせずに諦めてしまう子」などの原因の『遊ばない子』・『遊ぶ気がない子』・『遊べない子』の増加傾向に歯止めをかけることが必要である。

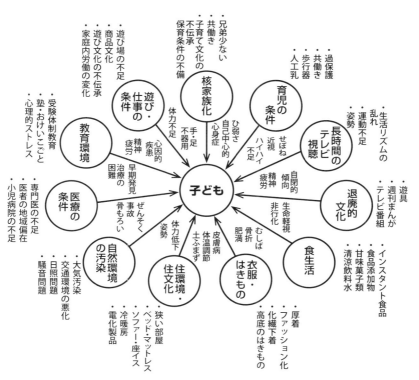

図表2-1　子どもを取り巻く条件と心身への影響

出典：[磯貝芳郎編『子どもの社会心理Ⅲ』] を基に作成

3　幼児期からの健康生活の見直し

　保育現場における健康問題は、乳幼児期からの生活構造全体を見直し、多角的・多面的に検討していく必要がある。

　(1)スクリーン（テレビ・ビデオ・コンピュータゲーム等）の視聴時間（特に見終わる時刻）・(2)塾や習い事に費やす時間とその内容・(3)戸外での活動的遊び時間からみた運動面・(4)睡眠時間（起床・就寝時刻）からみた休養面・(5)食事内容・時間（時刻・回数）からみた栄養面などが浮き彫りとなった。

　日課（1日24時間）は、人類皆に平等に与えられた時間であり、「いつ」・「どこで」・「誰と」・「どれだけ」・「何をしたか」が問題である。

　幼児の睡眠は10〜11時間程度が好ましく、定期的な朝昼夕の3食の食事時刻が重要であり、一日の残りの起きている13時間を何時から何時まで何時間「どのように」生活を過ごしたか把握していく必要がある。

　したがって、園の方針や保育内容と方法だけでなく、保育者の養育態度の在り方が大切となってくる。

　園・家庭・地域社会が三位一体となり、『遊育』・『食育』・『寝育』を奨励し、①朝起きてから、活動するまでの2時間確保すること、②登園後、戸外での遊びを2時間確保すること、③テレビを見終わってから夜寝るまでの2時間確保すること、を目指し、残りの7時間を「どのように生きるのか、どう活かすのか」の日課づくりにより、幼児期からの生活習慣としての活動的な遊びを位置づけることは、児童期以降の運動習慣化を意味することになることを忘れてはならない。

第2節　保育における健康問題と生活改善

1　保育現場での健康問題の早期発見

　保育現場や家庭での健康問題は、毎日の繰り返しの生活の過ごし方の中での変化を見逃してはならない。しかしながら、昨今の忙しくて慌ただしい生活を送る家族にとって、家庭において僅かな変化に気づくことは容易ではないので、保育現場において、保育者が日々の保育の中で、子どもからのSOSのサインをキャッチすることが望まれ、症状が悪化しない前に、その兆候を察することが必要である。

　特に、「心身の疲労」や「ストレス過多」は、目に見えづらくて、低年齢化していく傾向にあるが、心と身体の密接な関係があることから、子どもの何気ない仕草・身のこなし等の違和感を瞬時に読み取り、いつもと異なる態度や表情等となって生活行動として出現することに気づくことが大切となり、このことが保育にとっての指導上の留意点となる。

　保育・教育現場では、朝から「あくびをする子」や「ボーッとする子」・朝の集まりなどで「立ちくらみ（朝礼パターン）する子」などの『不定愁訴』の症状を見逃すことなく、現代病の代表とされる「アレルギー」・「花粉症」・「喘息」・「皮膚異常（皮膚カサカサ）」などは、医療現場と連携して、早期発見・早期治療に努めることが重要である。

2　健康診断・体力測定によるチェック

　21世紀に入り、青少年の体格は著しく大きくなってきたが、それに伴う運動能力の伸びが乏しいことが問題となったことから、政府は、省庁の壁を超えて、幼児期から高齢期まで見据えた生涯教育の一環としての健康・体力づくりに取り組み、スポーツ庁は、『体育の日』の前日に、前年度の『体力・運動能力調査』を毎年公表してきた。

この調査では、運動能力の評価点が最も高かった1985年頃には及ばないものの幼児期からの健康・体力づくり改善に取り組むことにより、今回2017年度の報告での分析で明らかになったように、「外遊び習慣が就学後の運動習慣の基礎を培い、体力向上の要因の一つになっている」とし、幼児期から自主的・自発的に自由に自ら遊べる運動習慣性の重要性について指摘し、外遊びの復活が功を奏し、長い間の子どもの運動不足による体力の低迷期に歯止めがかかり、最近は、少しずつ回復の兆しであると推察できる。

　したがって、保育現場での健康診断・体力測定は、日常生活の合間をみて、身長・体重・胸囲・座高・手足のサイズなどの形態的指標だけでなく、体温・脈拍・血圧・血流などの生理的指標の健康管理チェックにより、「脳・内臓機能・自律神経系の不具合」による生体のリズム（生理現象・ホルモンの分泌等）の健康データを蓄積し、生活リズム（生活構造からみた生活習慣）との関係を明らかにすることが期待される。

3　園での健康に関わる諸問題と改善策

　子どもの体力の現状については、「走る」、「跳ぶ」、「投げる」といった基本的な運動能力の低下が指摘される。文部科学省では、2007年度から2009年度に「体力向上の基礎を培うための幼児期における実践活動の在り方に関する調査研究」において、幼児期に獲得しておくことが望ましい基本的な動き、生活習慣及び運動習慣を身に付けるための効果的な取り組みなどについての調査的研究を実施した。文部科学省『幼児期運動指針』（2012年）が公刊され、全国の保育所・幼稚園等に配布した結果、数多くの実践的研究成果の報告が増えてきた。

　このように、幼児期からのこれらの生活調査や健康・体力づくりの取り組みの効果が出始めていて、園生活における活動的な遊びを習慣化し、運動活動量を把握するためには、歩数計（ライフコーダ：生活習慣記録機）等のウエアラブルコンピュータを保育現場で導入することが望まれる。

保育現場への歩数計等の導入は、園児自身や保育者にとって、幼児の健康・体力づくりに対する意識を高め、自覚させることに効果的であり、継続的な活動的遊びを促す保育指導を確立でき、縦断的な追跡データを蓄積・分析することが容易となり、幼児期の心身発達と生活構造との関連が明らかにするため、体格・運動能力・運動活動量等を、客観的な発達指標として活用することを推進したい。

　しかしながら、保育は遊びを通した総合的活動を第一義としている点を忘れてはならなく、調査によって得られた研究成果は必ず保育現場に還元し、子どものために活用しなければならない。

　したがって、幼児期の体格・運動能力の標準化検査の、『幼児身心発達検査』（兵庫教育大学幼児健康学研究室：原田碩三・米谷光弘ら）・『幼児運動能力検査』（東京教育大学体育心理学研究室：近藤充夫・杉原隆ら）・『幼児・児童づくりシステム』（早稲田大学：前橋明ら）等を用いて、運動能力の項目だけでなく、生活構造全体からの視点より、体格との体型バランス・運動（活動量：活動的遊び）との栄養（食：食事・間食）と休養（睡眠：午睡・休息）の健康バランス・生活時間（時刻）との生体・生活リズムなど、生活(運動)習慣性との関連を総合的検討しようと試みていく保育者の姿勢が問われることになる。

自然も友達！
みんな仲良し楽しく遊ぼうね

いつも一緒！
みんなで食べるとおいしいね

寝る子は育つ！
早寝・早起き忘れないでね

ハイハイ歩育は健康のはじまり

【引用・参考文献】

磯貝芳郎編『子どもの社会心理Ⅲ』金子書房、1994年

原田碩三著『幼児健康学』黎明書房、1989年

正木健雄編『子どものからだは蝕まれている』柏樹社、1990年

米谷光弘編『健康 理論編』保育出版、2004年

米谷光弘「幼児の心身発達と生活構造に関する研究」学術研究所 研究叢書
　　　No.31、1999年

（米谷光弘）

第3章 子どもの心身の成長

第1節 身体の発育

1 体格

　成長とは、一般的に時間の経過に伴って起こる受精から死までの過程のことで、形態的な量的変化である発育、機能の質的変化である発達、そして社会の文化を身につけていくことの3つから成り立っている。この章では乳幼児の心身の成長について述べていく。

　身長は床から頭頂までの直線距離で、身長計の尺柱に背、臀部、踵が着くようにし耳眼水平面を保って測定する。2歳までは仰臥位、2歳以降は立位で行う。日中は重力の影響を受け、脊椎間の椎間板が圧縮されるため夜低く、朝高くなる日内変動があるので、測定時刻を一定にする。出生時平均身長は男児48.7cm、女児48.3cm（2010年厚生労働省、以下同様）である。体重は身体の総重量で、栄養状態や疾病の有無など健康状態を反映する。起床時排尿後が最も軽い傾向がある。平均体重は男児2,980g、女児2,910gであり、出生週数に関係なく出生体重が2,500g未満を低出生体重児、4,000g以上を巨大児とよぶ。生後1週間では生理的体重減少がある。体つきのバランスをみるには3カ月〜6歳ではカウプ指数が用いられる。　カウプ指数＝体重（g）÷身長（cm）^{2}×10

　出生後は自力で生命を維持するために、まず中枢神経組織と内臓諸器官から発育していく。これらの成長を表すのが頭囲と胸囲である。頭囲は脳を保護する頭蓋の発育を表し、眉の直上と後頭結節を通る周径囲を

いう。平均頭囲は男児33.5cm、女児33.1cmである。頭蓋骨には大泉門（前の隙間、生後1カ月で2cm、1歳半で閉鎖）と小泉門（後の隙間、3カ月で閉鎖）がある。大泉門の陥没は脱水、早すぎる閉鎖は小頭症、膨隆や遅すぎる閉鎖は水頭症、脳腫瘍などが疑われる。胸囲は心臓や肺を保護する胸郭の発育を表し、乳頭部と肩甲骨直下を通る周径囲をいう。平均胸囲は男児31.6cm、女児31.5cmである。体幹の発育とともに1歳までには頭囲より大きくなる。体格の測定は間隔が短いほど得られる情報が多くなるので、月に1回は行なうことが望ましい。

2　骨と歯

　骨には器官を保護し形態を整える支持構造としての役割がある。骨は造血組織を含んでおり体内のカルシュウムを貯蔵し、筋肉と共に運動を可能にする。形成には多方面に向う膜性骨化と一方向に伸長する軟骨性化骨があり、数は350個から206個へと減るが、長さ、太さ、密度は増大していく。骨年齢は左手の手根骨の化骨化をレントゲンで確認することで判定できる。脚は当初O脚で2〜3歳ではX脚となり、やがてまっすぐになっていく。歯は6カ月から生え始め、エナメル質、象牙質がつき始めてくる。乳歯は1歳で上下4〜8本、2歳半頃に20本が生え揃い、6歳以降永久歯に生え変わり始め、14歳までに28本が生え揃う。

第2節　機能の発達

1　生理機能

　人は栄養素を燃焼し、その物質代謝により得られるエネルギーで生きている。生理機能とは生命を維持するための体の機能や現象をいう。

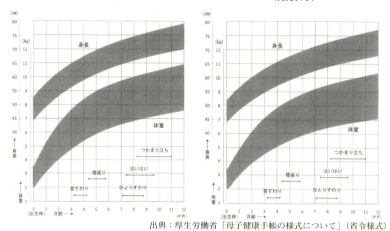

図表3-1　乳児身体発育曲線（2010年調査）
〈乳児男子〉　〈乳児女子〉

出典：厚生労働省「母子健康手帳の様式について」（省令様式）

（1）循環と呼吸

　循環器は個々の細胞に栄養や酸素を供給し、老廃物を運び去る経路で血液とリンパ液の循環を行う器官の集まりである。血圧は血液を送り出す力で、動脈が広く動脈壁の弾力が高いため成人に比べ低い。心拍数は食事、運動、排泄、入浴、感情などでも変化する。

　呼吸器は栄養に必要な酸素を肺で血液に取り込み、生じた二酸化炭素を肺胞を通し排出するガス交換を行う器官である。乳児では肋骨が水平なため腹式呼吸、特に3カ月以下は鼻呼吸なので窒息に注意する。その後肋骨が斜めになり胸郭が拡がるにつれ胸腹式呼吸、そして7歳以降は胸式呼吸となっていく。心拍や呼吸などは器官が小さい分、回数を多くすることで必要量を補っている。

（2）消化・排泄と体温調節

　消化器は食べ物を摂取・消化吸収し、加工・再合成し、不要物を体外へ排出する器官である。5～6カ月で歯の萌出とともに唾液や胃酸が分泌され、殺菌やタンパク質や脂肪の消化が始まる。小腸では栄養分が吸収、大腸では水分が吸収され便となり排泄される。また体内で生じた不要な物質は腎臓で濾過され尿となるが、濃縮力が低いために量が多い。

乳児では反射により排泄され、自分の意志で排泄出来るようになるのは大脳や括約筋、腹筋などが発達する2～3歳である。

　基礎代謝量は体重あたり成人の2倍で、代謝速度も速い。代謝、消化吸収、運動により内臓や筋肉に熱が産生されると、体は恒常性が働き体温を一定に保とうとし発汗などで放散する。また汗以外に皮膚や呼吸から失われる水分（不感蒸泄）も多く、体表面積も体重あたり成人の2～3倍と広い。外気の影響を受けやすいので室温や衣服、脱水などに配慮が必要である。体温は2歳頃から明け方が低く夕方高くなる傾向となる。

(3) 免疫と感覚と睡眠

　免疫とは細菌やウイルスが体内に侵入したとき防御しようとする体の働きで、6カ月までは母親からの受動免疫がある。5～6歳で能動免疫が出来るまでは感染症にかかりやすく、特に集団生活では感染予防のため予防接種、手洗い、うがいなどの習慣の定着が必要である。

　感覚には五感と呼ばれる視覚、聴覚、触覚、味覚、嗅覚がある。それぞれ眼球の網膜、耳の蝸牛神経、口や鼻や皮膚、舌の味蕾、鼻の線毛で感知したものが脳に伝達され処理される。妊娠7カ月ころからあるのは音への反応で、生後1～3カ月で音のする方向や声の聞き分けが出来るようになる。新生児は光や明るさを感じており、2カ月で水平方向、4カ月で垂直方向に追視が出来るようになる。距離感や色の識別が出来るようになり、遠視傾向であるが5～6歳で1.0の視力となる。触覚には痛覚、温覚、冷覚などがあり、味覚、嗅覚は成長につれ鈍くなっていく。

　睡眠には心身の休息、細胞の修復、記憶の定着などの機能がある。新生児の睡眠の半分は脳波上覚醒しているレム睡眠である。眠りはじめの深い眠りで成長ホルモンが分泌されるので、安心した入眠が必要である。

2　精神機能

　出生時は自分と外界の区別がない混沌とした状況にある。体の内外の状況変化を五感で感じながら、それを脳が認識していくことにより機能

の分化と構造化が進んでいく。精神機能は脳の発達と深い関係にある。

(1) 認知と記憶

　自分とまわりとの関係の認識は、具体的、直接的なものから、感覚と運動の体験を重ねながら、概念的、間接的なものへと変っていく。その発達には物事を記銘し、保持し想起する記憶が大きくかかわっている。2～3カ月ではあやすと目が合うようになり、動くものを追い始める。4カ月では声を出して笑い、5カ月では手足の動きも活発になる。6カ月にかけては特定の人とそうでない人の区別がついてきて、7カ月から人見知りが始まる。8カ月からはものへの関心や好奇心も高まり、目的を持った行動をとるようになる。9カ月からは移動能力もつき、後追いや見えなくなったものを探そうとする。

　1歳からはそれまでに獲得した行動様式を使って、新たな行動をしようとする。2歳までには「なに？」という発問が出て、まわりの状況を見て行動するようになる。3～4歳では「なぜ？」という問いが加わり、もの同士の共通点や相違点に気づいてくる。ものの上下、前後、左右など空間認知能力がつき、4歳には数や図形への関心も高まり、数えることや時計、カレンダーなどへ興味が拡がる。ものの色、形、大きさへの理解も進み、やがて数量、容量、重量、時間の認識などの科学的推理や論理的思考へとつながっていく。

(2) 思考と言語

　子どもの特性として自己中心的、主観的、直観的、感情的であることがあげられる。思考の特徴は、すべてのものは生きていると考えるアニミズム、人が作ったと考える人工論、考えたことは実在すると考える実念論などである。言葉は出生時の産声、1カ月の泣き声、2カ月以降の自閉的喃語、6～7カ月の社会的喃語と変化し、声かけに返事をするようになる。8～9カ月では人の動作をまね、10カ月では指差しをして伝えたいことを表現する。

　1歳半には周囲の状況の理解が進み、一語文を話す。2歳からは新し

い手段を試みるために、すでに獲得した行動を思い浮かべるようになる。また実在しないものをイメージとして認知するなど、この頃から言葉は伝達の手段から思考の手段にもなっていく。2歳では二語文、語彙も300語となり、ものを別のものに見立てひとりごとも交えるようになる。3歳では三語文、900語になり会話が成立する。4歳からは知識欲が増し1,600語、5歳では2,000語、6歳では2,400語と増え、短文や絵本の内容を思い出し復唱したりするようになる。

(3) 情緒と社会性

人はある刺激を受けると感情が湧き、それを表出することにより興奮や緊張を解消している。子どもの表出は一時的で持続時間も短い。新生児は空腹、眠気、おむつの汚れ、不安などを不快として認知し、それらが養育者によって取り除かれた時に快を感じるようになる。適切な養育行動は愛着形成を促し、人との基本的な信頼感の基盤を作る。不快は6カ月頃に怒り、嫌悪、恐れへと、快は1歳頃に得意、愛情、喜びへと分化していく。2歳までは甘える、怖がることも多く、時にはかんしゃくを起こす。2～3歳では、きょうだいの誕生などに嫉妬の感情を抱き、赤ちゃん返りをするなど、自分の感情をコントロールすることが難しい。4～5歳にはむやみに怖がることも少なくなる。情緒が安定するようになるには自分が受容されている安心感を抱くことのほか、メラトニンなどのホルモン分泌や自律神経のリズムが整うことも大切である。

社会性とは社会生活を営む能力である。子どもは大人の行動様式を取り込みながら生活技能やルールを獲得し、他者とどのような関係を築いていくのかを学んでいく。2～3カ月頃からあやされると反応し、4カ月で笑い、5～6カ月には親しい人と見知らぬ人との区別がつく。7～10カ月にかけては大人の相手を求めるようになる。1歳半では他の子どもに興味を持ち始め、2歳には、傍観しながらも他の子どもと同じようなことをするようになる。3歳にかけては並行遊び、やがてお互いにコミュニケーションを取り始め、協同遊び、連合遊びへと変化する。そ

して自分と他者の意志の違いに気づくようになる。4～5歳では約束事の理解が進み、我慢など自己抑制が出来るようになり喧嘩が減ってくる。5～6歳では集団の中で協力して役割分担が行われるようになる。工夫や批判もできるようになり、リーダー役も出てくる。社会性の発達には、自己表現しながら自分の感情や態度を調整していく力や、相手への共感などが必要である。

第3節 成長の原理と特徴

1 発育の原理

　発育の原則は以下の8点である。①秩序正しく一定の順序で進む。②連続的であるが、常に滑らかで漸進的というわけではない。③一定の方向性（上部から下部へ、中心から周辺へ、一般から特殊へ）がある。④器官により発育速度に差異がある。⑤個人差がある。⑥相互作用がある。⑦周期がある。⑧ある器官の発育や機能の発達には重要な時期（臨界期）があり、その時期に正常な発育発達が妨げられると回復不可能な欠陥や障害を残すことがある。またそれらの要因が取り除かれたときには、本来の成長に戻ろうとする「追いつき発育」がみられる。

　子どもには諸器官の成熟に応じた体験、具体的には五感を充分に使う活動、様々な動作の体験、発汗など放散の繰り返し、運動による骨への刺激、1日計60分以上の心拍数や呼吸数を高める運動、咀嚼回数の多い食事、早寝早起きの生活リズムなどが必要である。成長は遺伝と環境に影響を受けるが、体質や身長など基本的には遺伝で規定されるものも多い。一方、環境には季節、気温、湿度、日照時間、標高、疾病の有無、栄養状態、生活習慣、運動体験、家庭状況、社会体制、社会経済的状況などがある。なかでも身近な人的環境である養育者の影響は重要である。

2　発達の特徴

　一生の中で成長が最も著しいのは胎児期で、妊娠2カ月（8週）までの胎芽期には脳や心臓など諸器官が形成され、性別が決まる。妊娠3カ月（9週）から10カ月（40週）までの胎児期では、12週頃に出来る胎盤を通して循環、呼吸、消化、排泄の生理機能が働き始めている。出生後およそ6年間で脳神経系はその9割が完成する。このことから妊娠期間および乳幼児期の健康管理は大変重要であることがわかる。

　地球上の最初の生命は約36億5千万年前に誕生したといわれており、単細胞→原子魚類→両生類→爬虫類→哺乳類→新人類と進化（系統発生）を遂げてきた。人の一生（個体発生）も卵体期→胎芽期→胎児期→新生児期→乳児期→幼児期と系統発生と同じ順序をなぞって成長していく。人が他の動物と大きく違った点は直立二足歩行したことである。二本の手を器用に使うことで脳がより発達し、技術を身につけた。立ち上がることで顔面退縮が起こり、表情や色々な音声が出せるようになり言語を生み出した。人は体格や身体能力に優れた種ではないが、それぞれの能力を生かす適材適所の群れで生活することで繁栄してきた。人間だけが持つ「文化」を作る要素は、この技術、言語、組織の三つである。そのような観点から自立歩行が完成する1歳半、他者との関係性が作られ始める4歳頃が発達の重要な節目であるといえる。

【引用・参考文献】
　坂井達雄・橋本尚詞著『ぜんぶわかる人体解剖図』成美堂出版、2013年
　佐藤益子・中根淳子編著『新版子どもの保健Ⅰ』ななみ書房、2017年
　竹下研三著『人間発達学　ヒトはどう育つのか』中央法規出版、2014年
　西川由紀子著『かかわりあって育つ子どもたち　2歳から5歳の発達と保育』
　　　かもがわ出版、2013年
　林美、安部富士男著『発達の視点で保育をとらえる』新読書社、2016年

（岩城淳子）

第4章 子どもの運動機能の発達

第1節 運動の発達

　ガラヒュー［David L.Gallahue, 1995］は、運動の発達は4つの段階を経ていくとし、その発達段階と年齢の関係を図表4-1のように示した。その最も初期の段階の運動は、胎児期〜1歳ごろにみられる反射的な運動である。その次の段階の運動は、誕生〜2歳ごろにみられる初歩的な運動であり、年齢的には前段階の後半の時期と重複する。さらに次の段階の運動は、2〜7歳にみられる基礎的な運動である。最終的な段階は、7歳以降の専門的な運動（スポーツ活動に必要な応用的かつ習熟的運動）である。

　これらの4つの段階の中で、乳幼児期での段階、すなわち、反射的な運動、初歩的な運動、基礎的な運動の3つについて詳しく説明する。

1　反射的な運動

　新生児は大脳の機能が未発達であるため、そのころの行動の大部分は、意志や欲求が関与しない不随意的な反射運動が中心である。その多くは、人間としての生活に必要なものであって、新生児反射（原始反射）と言われている。原始反射は運動機能の発達とともに消失する。主な原始反射を以下に示す。

　（1）哺乳反射（新生児が母乳を求める行動）は、4つの反射から成り立っている。

　　・探索反射（生後すぐから3カ月まで）：乳首を探す

・捕捉反射（生後すぐから3カ月まで）：乳首をくわえる
・吸啜反射（生後すぐから2〜5カ月まで）：乳首を吸う
・嚥下反射（生後すぐから4〜7カ月まで）：乳を飲み込む

（2）把握反射（生後すぐから4〜6カ月まで）

手や足のひらに物が触れると強く握り返す。

（3）モロー反射（生後すぐから4〜6カ月まで）

驚きや不安が生じたときに抱きつこうとする。

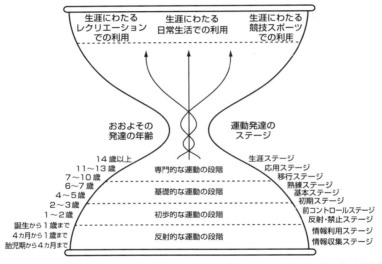

図表4-1　運動機能の段階とステージ

出典：[D..LGallahua、杉原隆（監訳）]を基に作成

2　初歩的な運動

　初歩的な運動は誕生直後から2歳くらいまでの時期で、意思や欲求がともなった随意的な運動である。初歩的な運動は、①姿勢保持のための平衡的運動、②自分の体を別の場所に移そうとする移動的運動、③自分の体以外の物体を操ろうとする操作的運動の3つに分けることができる。

　平衡的運動と移動的運動の発達に関して、2010年に厚生労働省が行っ

た「乳幼児身体発育調査」の結果を**図表4-2**に示した。

図表4-2　一般調査による乳幼児の運動機能通過率

(%)

年　月　齢	首のすわり	ねがえり	ひとりすわり	はいはい	つかまり立ち	ひとり歩き
2か月〜3か月未満	11.7	1.1				
3〜4	63.0	14.4				
4〜5	93.8	52.7	0.5	0.9		
5〜6	98.7	86.6	7.7	5.5	0.5	
6〜7	99.5	95.8	33.6	22.6	9.0	
7〜8		99.2	68.1	51.1	33.6	
8〜9		98.0	86.3	75.4	57.4	1.0
9〜10			96.1	90.3	80.5	4.9
10〜11			97.5	93.5	89.6	11.2
11〜12			98.1	95.8	91.6	35.8
1歳0〜1か月未満			99.6	96.9	97.3	49.3
1〜2				97.2	96.7	71.4
2〜3				98.9	99.5	81.1
3〜4					99.4	92.6
4〜5					99.5	100.0

出典:厚生労働省「平成22年乳幼児身体発育調査報告書」

　この調査は乳幼児保健指導の改善のために、10年ごとに全国的に実施されている。乳児の90%以上がその運動をできるようになるのは、「首のすわり」は生後4〜5カ月、「ねがえり」は生後6〜7カ月、「ひとりすわり」は生後9〜10カ月、「はいはい」は生後9〜10カ月、「つかまり立ち」は生後11〜12カ月、「ひとり歩き」は生後1年3〜4カ月である。また、前回（2000年）の調査結果と比較すると「首のすわり」をのぞき、10年前よりやや遅い発育傾向が示された。

　操作的運動の発達は、ハルバーソン［Heidi Grant Halverson、1931］が次頁**図表4-3**のように示している。はじめは物体に対して腕を伸ばすだけであるが（19週）、手が触れるようになると徐々に握り始めることができる（20週以降）。ただし、指がそろったままのわしつかみのような握り方である。それが指先で握り（36週以降）、最終的には親指と人さし指でつまむように握ることができるようになる（52週以降）。

図表4-3 操作的運動の発達

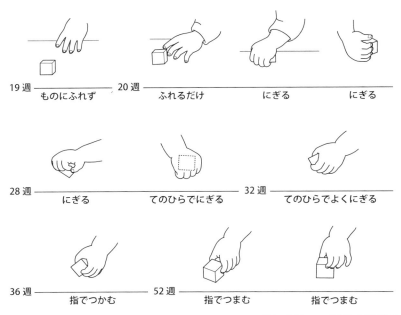

19週 ものにふれず	20週 ふれるだけ	にぎる	にぎる
28週 にぎる	てのひらでにぎる	32週 てのひらでよくにぎる	
36週 指でつかむ	52週 指でつまむ	指でつまむ	

出典:．［Halverson,1930］を基に作成

3　基本的な運動

　ガラヒュー［David L.Gallahue, 1995］は基礎的な運動を移動運動、操作運動、姿勢制御運動の３つのカテゴリーに従って分類し、その運動とおおよその開始年齢を示した。（次々頁**図表 4-4**）

(1)　**移動運動**

　子どもの姿勢と移動運動の発達は、ほぼ一定の過程を経て進んでいく。１歳前後で歩き始め２歳になると走ることや跳ぶこともできるようになってくる。そして、年齢と経験が進むにつれてより洗練された多くの移動運動が身についていく。

　この発達の進み具合には個人差があり、一人ひとりの育ちの速さが違っていたり、できるようになってから洗練された動きになるまでの時

間に差が出たりする。また、ハイハイをする、転んでは立つを繰り返すなど、最終的な移動運動である歩行には直接関係ないように見えても、将来の体や心の育ちにとって重要な経験もある。先を急ぎすぎて無理をさせないように注意し、発達のそれぞれの段階での行動をじっくりと見守ってやることが大切である。

（2） **操作運動**

ものを操作する運動には、箸を使う、ハサミを使う、折り紙を折るなどの手先の操作技能と、活発な運動遊びに含まれている、ボールを投げたり、とったりするなどの運動がある。

手先の操作技能では、手や指の細かい動きや微妙な調節が必要で、上手になるのは4歳を過ぎてからである。また、こうした操作技能の上達には、経験の多少が大きく影響している。したがって、いきなり完成された操作技能を求めるのではなく、技能を高めるのに必要な経験が幅広く数多くできるようにしてやる。

ボールの扱いなど、活発な運動遊びに関係した操作技能も、4歳を過ぎてから上手に行えるようになる。こうした技能の発達も、それに関連した経験の有無や経験の仕方に大きく依存している。子どもが、自分から楽しく多くの経験を重ねるように配慮することが大切である。

（3） **姿勢制御運動**

体のバランス（平衡状態）を維持する能力には、止まっている状態でバランスを保つ静的なバランスと、体が動いている状態でうまくバランスをとる動的なバランスがある。これらの能力は、1人で立てるようになるころから徐々に身についていくが、4歳を過ぎるとかなり安定した状態になる。

子どもは乳幼児期全般を通じて、頭が大きく重いので大人より重心の位置が高いところにある。そのため、子どもはバランスを崩しやすく、また、崩れたバランスを微調整して修復することができにくい傾向をもっている。

図表4-4 特定の移動運動、操作運動、姿勢制御運動が現れる順序

運動パターン	運動	おおよその開始年齢
【歩く】 歩行は一方の足で地面を支えている間にもう一方の足を前に置く	初歩的な直立した独力での歩行	1歳1か月
	側方への歩行	1歳4か月
	後方への歩行	1歳5か月
	助けられて階段を登る	1歳8か月
	1人で階段を上る─送り足─	2歳
	1人で階段を降りる─送り足─	2歳1か月
【走る】 走りには両足が地面から離れる短い時間がある	急いで歩く(地面との接触がある)	1歳6か月
	最初の本当の走り(空中時間がある)	2〜3歳
	効率的で洗練された走り	4〜5歳
	スピードが増した成熟した走り	5歳
【跳ぶ】 跳躍運動には3つの形がある；1.遠くへ跳ぶ、2.高く跳ぶ、3.跳び下りる。片足あるいは両足で踏切り、両足で着地する	低い台からまたぎ降りる	1歳6か月
	片足踏切で台から跳び降りる	2歳
	両足をそろえて床から跳び上がる	2歳4か月
	距離を跳ぶ(約91.4cm)	5歳
	跳び上がる(約30.5cm)	5歳
	成熟したジャンプパターン	5歳
【投げる】 投げるとは意図するだいたいの方向に向かって物に力を加えること	身体を投げる方向に向かって正対し、足は静止したまま、肘から先の伸展だけで投げる	2〜3歳
	身体の回転が加わる	3歳半〜5歳
	投げる腕と同じ側の足を踏み出す	4〜5歳
	男子が女子より上手な投げ方をする	5歳以上
	上手な投動作	6歳
【受ける】 受けるとは手で物からの力を受け止めること。大きいボールから小さいボールへ	目でボールを追う、飛んでくるボールには無反応	2歳
	飛んでくるボールには反応するが、腕の動きは遅れる	2〜3歳
	腕をどう動かすか教える必要がある	2〜3歳
	恐怖反応(頭を後ろに反らす)	2〜3歳
	腕を使って抱え込む	3〜4歳
	小さいボールの時だけ手で取る	5歳
	上手な捕球動作	6歳
【蹴る】 蹴るとは足を使って物に力を加えること	ボールを押す、本当に蹴ってはいない	18か月
	ほとんど体を動かさず、脚を伸ばしたままで蹴る(静止して)	2〜3歳
	膝から先を後ろに曲げて蹴る	3〜4歳
	脚の前後の振りが大きくなる	4〜5歳
	上手な蹴る動作	5〜6歳
【静的なバランス】 静的なバランスとは、重心が静止した状態で平衡を保つこと	手で支えられないで立つ	11か月
	1人で立つ	1歳
	片足で3〜5秒バランスをとる	5歳
	3点倒立をする	6歳
【動的なバランス】 動的なバランスとは重心を移動させながら平衡を保つこと	低い平均台の上に立つ	2歳
	約2.5cm幅の真っ直ぐな線の上を歩く	3歳
	約2.5cm幅の円状の線の上を歩く	4歳
	約10cm幅の短い平均台の上を送り足で歩く	3歳
	同上の平均台の上を歩く	3〜4歳
	約5〜7.5cmの平均台の上を歩く	4歳
	初歩的な前転をする	3〜4歳
	成熟した前転をする	6〜7歳

出典:.[D..LGallahua、杉原隆(監訳)]を基に改変

第2節 幼児期運動指針

1 幼児期運動指針がつくられた背景

　文部科学省は、2012年3月に「幼児期運動指針」を発表し、全国すべて（約3万5000）の幼稚園・保育所にその指針を通達した。「幼児期運動指針」は、運動習慣の基礎づくりを通して、幼児期に必要な多様な動きの獲得や体力・運動能力を培うとともに、様々な活動への意欲や社会性、創造性などを育むことを目指すものである。

　「幼児期運動指針」がつくられた背景には、子どもの体力低下の問題がある。小学校に入学した子どもが、かつては園児ができた運動内容ができないなど、学習指導要領にある運動課題の達成にも問題が生じている現状がある。

2 幼児期運動指針のポイント

　幼児期運動指針普及パンフレットの表紙にも大きく記載してあるように、この指針を一言で表わすと『幼児は様々な遊びを中心に、毎日、合計60分以上、楽しく体を動かすことが大切です！』である。

　幼児にとっての運動は、楽しく体を動かす遊びを中心に行うことが大切である。また、体を動かすことには、散歩や手伝いなど生活の中での様々な動きが含まれる。これらの身体活動の合計が毎日60分以上になるようにすることが大切である。決して、60分間の運動プログラムをつくることを推奨しているのではない。また、園などだけでなく、家庭での身体活動も含めて、体を動かす機会を増やすことがねらいである。

　幼児期における運動については、適切に構成された環境の下で、幼児が自発的に取り組む様々な遊びを中心に、体を動かすことを通して、生涯にわたって心身ともに健康的に生きるための基盤を培うことが大切で

ある。次の３点がポイントとして挙げられている。

①多様な動きが経験できるように様々な遊びを取り入れる。（１つの種目だけにこだわらない）

②楽しく体を動かす時間を確保する。（子ども自らが運動意欲をもつことができるように配慮する）

③発達の特性に応じた遊びを提供する。（無理な課題は禁物、スモールステップで徐々にレベルアップ）

さらに、上記３点のポイントを達成するため、次の４点に留意することが大切だとされている。

①一人一人の発達に応じた援助をする。

②幼児が自発的に体を動かしたくなる環境の構成を工夫する。

③安全に対する配慮をする。

④家庭や地域にも情報を発信し、共に育てる姿勢をもてるようにする。

【引用・参考文献】

阿部明子編著『新訂幼児教育法シリーズ健康―心身の健康に関する領域』東京書籍、2000年

厚生労働省「平成22年乳幼児身体発育調査報告書」2010年

民 秋言、穐丸武臣編著『保育内容健康〔新版〕』北大路書房、2014年

三村寛一、安部惠子編著『保育と健康〔改訂版〕』嵯峨野書院、2013年

文部科学省「幼児期運動指針」2012年

D.L.Gallahue, 杉原隆（監訳）『幼少年期の体育』大修館書店、1999年

Halverson, H. M.「An experimental study of prehension in infants by means of systematic cinema records.」Genetic Psychological Monograph, 10, 107-286.、1931年

（藤村透子）

第5章　基本的生活習慣の自立

第1節　基本的生活習慣とは

　児童心理学者の山下俊郎（1903～1982）は欧米の心理学研究に示唆を受け、食事、睡眠、排泄、着衣、清潔整頓の5つの習慣を基本的習慣と称した。これが今日の基本的生活習慣の概念となっている。

1　基本的生活習慣とは

　生活習慣ときいて様々な習慣が挙げられる。挨拶をすることや約束を守ること、決まった時間に食事をとる、好き嫌いをしない、食事中歌わない、夜寝て朝起きる、起こされることなく一人で起きる、清潔にする（顔を洗う、風呂に入る、鼻をかむ、爪を切るなど）排尿・排便をする、遊んだら片付けをする、服を着替える、生活習慣といって挙げられる項目は多い。生活習慣の乱れが生活の乱れを指すのも、こういったことが身についているか否かを意味している。

　さまざまな生活習慣と呼ばれる習慣や態度があるが、子どもたちが社会に出て生活していくうえでの基礎となる習慣を基本的生活習慣と呼ぶ。基本的生活習慣は「食事」「睡眠」「排泄」「着脱衣」「清潔」を指す。それは生理的基盤と社会的・文化的・精神的基盤に立つものからなり、前者が「食事」「睡眠」「排泄」を指し、子どもが生きるために必要不可欠な生理的欲求を満足させる生活習慣であり、後者の「清潔」「着脱衣」は、人間として社会（集団）の中で、人と共に生きるために重要な生活習慣を指す。この基本的生活習慣の自立（獲得）は、子どもにとっての

「身辺自立」を意味する。子どもは生まれてすぐ家族や養育者に囲まれた社会的環境の中で育つ。その中で一人ひとり成長発達をしていくわけである。年齢と共に大きく広がっていく社会の中で最低限遵守しなければならない規律と社会の中で誰もが習得しておく必要のある習慣が基本的生活習慣といえる。基本的生活習慣の獲得そして自立は、子どもが集団生活・社会生活を行う上で、この乳幼児期に獲得しなくてはならない重要な発達課題だと言えよう。

2　基本的生活習慣の自立の課題

　本来、習慣とはある行動を繰り返し行っていく中で身につき、戸惑うことなく、意識しなくともスムーズに行動することを可能にする。習慣なしには生活を営むことが難しいのである。

　そこでその一つである子どもの生活リズムの乱れを挙げよう。生活そのものが習慣化されず、好ましい、適切とされていると考えられる行動が欠け、生活習慣として身につくことが困難となったと考えられる。その原因はいったいどこにあるのであろうか。

　まずは、家庭の状況が考えられる。大人中心の生活が反映され、遅寝遅起きが常態化するケースや保護者の関心が早期教育とりわけ「知育」ばかりに偏ってしまうケースなど報告されている。子どもが幼いうちに十分に生活習慣を身につけることができていないため、小学校就学後、生活面の幼さから学習が成立しにくいという現象が指摘されている。

　また一方で、経済が発展し、情報が氾濫し、生活の中でも自動化が進み、価値観が多様化した。核家族化が進み、核家族化二世と呼ばれる世代が親になり、世代間で生活習慣の自立の重要性についての認識が伝達されない。また、学校や園、教師や保護者がどうあったらよいのか、それぞれの役割とは何か、何をもって教育、しつけなければならないのかなど、変化する時代とともに社会全体に子どもをめぐる問題が点在しているといえる。

改めて子どもの特性、発達を見極め、乳幼児期に必要な生活習慣を身につけることで、文化の継承、生活の基盤づくり、思春期以降の自己の確立につながるのである。

3 乳幼児期の基本的生活習慣の自立の重要性

乳幼児期は心身の発達を支えるために、基本的生活習慣の自立は必要だといえる。たとえば、一定の決められた時間に食事を楽しくバランスよく食べること（食事）、自分のペースで排泄ができること（排泄）、十分な睡眠をとること（睡眠）、衣服の着脱や後始末ができること（着脱衣）食事のあとの歯磨きや遊んだあとの手洗い・うがい（清潔）など、生活習慣の獲得が健全な生活を維持するために必要なことが理解できよう。基本的生活習慣が幼児期の生活リズムと密接な関係であることが理解できる。

この生活習慣の基盤こそが社会生活、特に集団生活（園生活、学校生活）への適応にも影響があると考えられる。発達に必要な生活習慣の獲得、自立が、集団への適応にも必要な条件であると考えられる。例を挙げよう。「子どもが夜寝るのが遅く、朝から元気がなく欠伸ばかりし、ぼーっと椅子に座っていたら、いつまでたっても仲間との遊びに参加できず、好きな遊びさえも取り組むことはできないだろう。遊ぶ気になったころには、まわりの子どもたちの活動は終わっており、遊べなかった」といったように、社会生活をするうえで重要であり、基本である。

また、その際のこの生活習慣の基礎を指導・援助する役割にあるのがその子どもの親・保護者であり、園の保育者である。そして、集団生活をおくる乳幼児であれば、他の子どもからの援助や影響は大きくかかわることとなる。

第2節　基本的生活習慣の発達基準とは

　前節で基本的生活習慣の自立について述べてきた。保育者として、現代の子どもの発達や特性に合わせた基本的生活習慣の援助や指導が必要である。では、どの時期にどのように生活習慣の獲得がなされているのか知っておきたい。保育をするうえで子どもの生活を支える支援者として、生活そのものの充実およびその後の社会生活の基盤づくりとしても、その理解が重要である。

　次々頁に5つの習慣が乳幼児期において獲得してされた状況や獲得する基準を表に示した。山下俊郎による調査［1936］と谷田貝・高橋による調査［2003］を比較し示している。(**図表5-1**)

　なお、文中の標準年齢は同一年齢段階時の70%～75%が習慣を獲得した年齢であり、同年齢であっても個人差には十分配慮が必要であるが、一つの目安として捉えてほしい。また、山下俊郎による調査は、戦前に行われているため、衣食住といった生活環境や社会情勢、経済状況の違い、文化そのものの変化も考慮したうえで約70年のあいだでの子どもの変化にも着目してほしい。

　5つの習慣とも、自立が遅くなっていることがわかる。それぞれの習慣がもたらす要因は様々ではある。子どもを取り巻く環境を改めて考えなければならないだろう。

　これらを踏まえて、第10章の基本的生活習慣の指導を理解につなげてほしい。

第3節　基本的生活習慣の取り扱い

　平成30年に施行される幼稚園教育要領、保育所保育指針、認定こども

園教育・保育要領に、基本的生活習慣についての記載がある。なおここでいう幼稚園教育要領や保育所保育指針、認定こども園教育・保育要領で使用されている「基本的な生活習慣」については、前述の通り、基本的生活習慣を食事、睡眠、排泄、着脱衣、清潔の5つの習慣とする。

　保育所保育指針では、「1歳以上3歳未満児の保育に関わるねらい及び内容」の(2)ねらい及び内容ア―(ア)ねらい③「健康、安全な生活に必要な習慣に気付き、自分でしてみようとする気持ちが育つ。」と明記された。ほぼ同様に、認定こども園教育・保育要領では、ねらい及び内容　健康　1ねらい(3)「健康、安全な生活に必要な習慣に気付き、自分でしてみようとする気持ちが育つ」と明記されている。ともに、内容の取り扱いの中で、「食事、排泄、睡眠、衣類の着脱、身の回りを清潔にすることなど、生活に必要な基本的な習慣については、一人一人の状態に応じ、落ち着いた雰囲気の中で行うようにし、子どもが自分でしようとする気持ちを尊重すること。また、基本的な生活習慣の形成に当たっては、家庭での生活経験に配慮し、家庭との適切な連携の下で行うようにすること。」(下線筆者)と明記され、改めて乳児期より幼児期にかけての生活習慣の自立に向けての援助や支援が明記された。入所・入園時間の長いと考えられる保育所、認定こども園での援助の方法は、保育者一人ひとりの配慮と関わりが重要だといえよう。保護者の就労状況や子ども一人ひとりの生活形態の違いも踏まえておく必要がある。

　3歳児以降の記載について、幼稚園教育要領の領域「健康」において、基本的生活習慣の重要性が示されている。領域「健康」のねらい及び内容の取扱いでは、ねらい1－(3)「健康，安全な生活に必要な習慣や態度を身に付け見通しをもって行動する。」とされ、内容の取扱い3－(5)「基本的な生活習慣の形成に当たっては，家庭での生活経験に配慮し、幼児の自立心を育て、幼児が他の幼児と関わりながら主体的な活動を展開する中で、生活に必要な習慣を身に付け、次第に見通しをもって行動できるようにすること。」(二重下線筆者)と明記されている。

図表5-1 基本的生活習慣の自立の標準年齢

年齢 （歳.カ月）	食事		睡眠	
	山下調査	谷田貝調査	山下調査	谷田貝調査
1.0		・自分で食事をしようとする		
1.6	・自分でコップを持って飲む ・スプーンを自分で持って食べる	・自分でコップを持って飲む ・スプーンを自分で持って食べる ・食事前後の挨拶	・就寝前の排尿	
2.0		・こぼさないで飲む		・就寝前後の挨拶
2.6	・スプーンと茶碗を両手で使用 ・こぼさないで飲む ・箸と茶碗を両手で使用	・スプーンと茶碗を両手で使用		
3.0	・こぼさないで食事をする ・食事前後の挨拶 ・箸の使用	・こぼさないで食事をする		
3.6	・箸を正しく使う ・独りで食事ができる	・箸の使用 ・独りで食事ができる	・昼寝の終止	・寝間着に着替える ・就寝前の排尿
4.0		・握り箸の終了 ・箸と茶碗を両手で使用	・添い寝の終止 ・就寝前後の挨拶	
4.6				
5.0			・就寝前の排尿の自立 ・就寝時の付き添いの終止	
5.6			・寝間着に着替える	
6.0		・箸を正しく使う		・昼寝の終止 ・就寝前の排尿の自立
6.6				・添い寝の終止 ・就寝時の付き添いの終止
7.0				

排泄		着脱衣		清潔	
山下調査	谷田貝調査	山下調査	谷田貝調査	山下調査	谷田貝調査
・排尿・排便の事後通告					
・排尿・排便の予告			・一人で脱ごうとする		・就寝前の歯磨き
		・一人で脱ごうとする ・靴をはく	・一人で着ようとする		
・おむつの使用離脱 ・付き添えば独りで排尿ができる	・排尿・排便の事後通告	・一人で着ようとする	・靴をはく ・帽子をかぶる	・手を洗う	・うがい ・手を洗う
・パンツを取れば排便ができる	・排尿・排便の予告 ・付き添えば独りで排尿ができる		・パンツをはく		・顔を拭く ・石けんの使用
・排尿の自立	・おむつの使用離脱 ・排尿の自立 ・パンツを取れば排便ができる	・帽子をかぶる	・前ボタンをかける ・両袖を通す ・靴下をはく ・脱衣の自立 ・着衣の自立	・石けんの使用	・食前の手洗い
・排便の自立 ・夢中粗相の消失	・排便の自立	・パンツをはく ・前ボタンをかける		・うがい ・顔を洗う ・顔を拭く ・鼻をかむ	・顔を洗う ・髪をとかす ・鼻をかむ
・排便の完全自立（紙の使用）	・夢中粗相の消失	・両袖を通す ・靴下をはく			
	・排便の完全自立（紙の使用、和式・洋式の利用）	・ひもを前で結ぶ ・脱衣の自立		・口ゆすぎ（朝） ・食前の手洗い ・髪をとかす	・朝の歯磨き
				・朝の歯磨き	
		・着衣の自立			
			＊ひもを前で結ぶ（8歳）		

出典：[谷田貝・髙橋、2007] を基に作成

改めて加筆された「見通しをもって行動できるようにすること」は、就学までに生活リズムを整え、次の行動を理解し生活できるようにすることだといえる。食事の前には手を洗うや遊んだあとは片づけをする、排尿を催したらトイレへ行く、など生活リズムと生活習慣の必要が捉えられ、自立した行動がとることが望ましいということである。

　幼稚園教育要領、保育所保育指針、認定こども園教育・保育要領ともに示されているのは、やはり家庭との連携である。生活習慣の獲得、ことに基本的生活習慣の獲得及び自立には、家庭との連携は必要不可欠である。生活の大半を過ごす家庭、安心安らぐための家庭であるからこそ、保護者、保育者ともに一貫した援助が望ましいであろう。年齢の違い、家庭の違いを考慮し、子ども一人ひとりの生活を在り方やリズムの違い、それまで獲得している生活習慣に配慮し、子どもがより安定するように、そしてダイナミックに遊びの展開や仲間とともに過ごす生活が充実するように保育を計画していく必要がある。

【引用・参考文献】
『幼稚園教育要領〈平成29年告示〉』フレーベル館
『保育所保育指針〈平成29年告示〉』フレーベル館
『幼保連携型認定こども園教育・保育要領〈平成29年告示〉』フレーベル館
高橋弥生「幼稚園教育要領・保育所保育指針における基本的生活習慣の取り扱いの変遷」『目白大学　総合科学研究11号』2015年3月 pp.1-18
谷田貝公昭監修、村越晃著『子どもの生活習慣と生活体験の研究』一藝社、2009年
谷田貝公昭監修、谷田貝公昭・高橋弥生編著『実践保育内容シリーズ1 健康』一藝社、2014年
谷田貝公昭・髙橋弥生著『データでみる幼児の基本的生活習慣－基本的生活習慣の発達基準に関する研究』一藝社、2007年

（谷田貝 円）

第6章 安全保育と健康

第1節 幼児のけがの実態

1 けがの種類別

けがの種類別では、挫傷・打撲、挫創（擦り傷、切り傷）、脱臼の順に多い（**図表6-1**）。「挫傷」は種々の程度の鈍力によって、生体組織が圧縮されて起こる外傷であり、皮膚が破れていない程度のけがである。「打撲」と区別がつけにくいので、両者を一緒にして、「挫傷・打撲」としている。

2 けがの部位別

けがの部位別で見ると、顔部、上肢部、下肢部、頭部の順になっている。また、幼稚園・幼保連携型認定こども園・保育所ともに顔部及び頭部で全体の約6割を占めている（**図表6-2**）。

幼児は頭部が相対的に大きく、重心が高いため、バランスがとりにくい。また、受け身がうまくできないため、顔部のけがが多い。

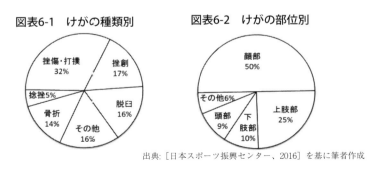

出典：［日本スポーツ振興センター、2016］を基に筆者作成

3 遊具別のけが

遊具別に事故の発生を見ると、幼稚園・幼保連携型認定こども園・保育所ともにすべり台で多く発生している。以下、総合遊具・アスレチック、鉄棒、砂場などの順になっている。

4 時間帯別のけが

幼稚園では「10－11時」「13－14時」に事故が多く見られる。幼保連携型認定こども園・保育所では、「10－11時」に最も多く発生し、「10－11時」の前後と「16－17時」でも事故が多く見られる。

第2節 幼児の安全教育

1 幼児の安全教育の原則

幼児に安全教育を行う原則として、次のような事項があげられる。
(1) 発達段階に応じた指導を行う。
(2) 大人が、よい手本を示す。
(3) 禁止ではなく、どうすれば安全かという方法を教える。
(4) 豊かな遊びを通じて、運動能力を高めると同時に危険な場所、危険な遊びを理解させる。
(5) 小さな事故(ヒヤリ・ハット体験)を経験として活かし、将来の大きな事故防止に役立たせる。
(6) 子どもの個性を把握し、その子どもに合った指導や地域の事情に合った指導を行う。

2　交通安全教育

　交通場面には、隠された危険が潜在している。幼児の交通安全教育では、心身の発達段階に応じて、基本的な交通ルールを理解し、交通マナーを守ることを習得させるために、日常生活において必要な知識及び技能を一つひとつの場面について具体的に教える必要がある。交通安全教育では次のような方法が考えられる。

(1)　絵本、紙芝居、ペープサート、パネルシアター、人形劇、DVDなどの視聴覚教材を活用し、交通ルールや交通場面における潜在危険を理解させる。
(2)　園庭や公園で模擬信号機などを使って、模擬体験をさせる。
(3)　遠足や散歩などの園外保育の時に、保育者は子どもの手本になって、実際の体験をさせる。

　多様な教育方法を繰り返し指導することで子どもの安全意識が高まり、潜在危険を予測する能力の向上と安全行動の定着化を図る。

　交通安全教育の視聴覚教材については、各都道府県の交通安全協会にDVDの貸出を依頼したり、JAF交通安全ドレミぐるーぷによる音楽演奏（演劇・紙芝居などを含む）を依頼したりすることができる。

　そして、交通安全教育では警察・保護者・地域の方との連携も大切である。

第3節　災害時の対応

　主な災害には、地震、津波、風水害などの自然災害と人的要因による火災、不審者などがある。災害による被害をできるだけ少なくするために、年間指導計画を立てて、幼児の発達段階に沿った防災教育や避難訓練などを行う必要がある。

1 災害時の対応体制

　各保育施設で作成した防災マニュアルには、災害時の職員の組織体制や関係機関との連絡体制、災害時の具体的な行動手順などが定められている。災害時には、速やかに的確な対応ができるよう防災マニュアルに定めている災害時の対応体制を日頃から把握しておくことが大切である。

2 視聴覚教材の活用

　災害時の対応に関する指導では、絵本・紙芝居・DVD などの視聴覚教材を活用し、災害時の様子や具体的な行動の仕方についての理解を図る。

3 避難訓練の実施

　避難訓練を通して、火災など危険な状態を発見したときには、①保育者や近くの大人に速やかに伝える、②お・は・し・も（お「押さない」・は「走らない」・し「しゃべらない」・も「戻らない」）の行動を取る、③教職員や保護者の指示に従い、落ち着いて行動できる、などの災害発生時の対応に必要な行動や態度を身に付けさせる。

　保育者は名簿や救急用品などの確認、消防署や警察など地域の防災関係施設との連絡、一斉メール発信システムやSNS、災害用伝言ダイヤルなど複数の連絡手段の確認を行う。避難訓練を通して、災害時における対応能力の向上を図る。

第4節　積極的安全保育

　領域「健康」では、「健康な心と体を育て、自ら健康で安全な生活をつくり出す力を養う」と示されている。その内容の取扱い（6）では、「安全に関する指導に当たっては、情緒の安定を図り、遊びを通して安

全についての構えを身に付け、危険な場所や事物などが分かり、安全についての理解を深めるようにすること。また、交通安全の習慣を身に付けるようにするとともに、避難訓練などを通して、災害などの緊急時に適切な行動がとれるようにすること。」と示されている。

子どもたちが常に伸び伸びと行動できるよう、保育者が危険を取り除き、十分な安全管理をする。積極的安全保育とは、単に危険を排除することではなく、保育者が幼児と信頼関係を築き、幼児が安心して過ごせる安全な環境をつくり、幼児一人ひとりの身体的能力、知的能力、精神的能力に応じた心身の発達を促す指導・援助を積み重ねていくことである。次に、そのために注意したい点を述べる。

1 情緒の安定を図る

幼児の事故は、その時の心理的な状態と関係がある。興奮しているときには、ぶつかる事故などが起きやすいので、子どもの情緒を安定させることが安全保育につながる。

2 幼児の心身の発達特性を理解する

幼児は身体の発育や精神的能力の発達が不十分で、大人とは違った幼児期の特性を有している。保育者は子どもの発達特性を理解することで、事故やけがに対する適切な対応が可能になる。

図表6-3 幼児の視野

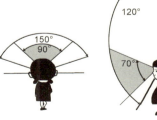

出典:筆者作成

(1) **視野が狭い**

幼児は背が低いので、目の高さが低い。そして、6歳児の場合、垂直方向の視野は大人約120度に対して70度、水平方向は大人約150度に対して90度しかない（**図表6-3**）。大人に見えているものが、幼児には見

えないことも事故発生と関係している。

　(2)　**頭部の割合が大きい**

　幼児は頭部の割合が大きく、重心が高いため、バランスを崩して転倒しやすい。

　(3)　**一度教えたことを忘れる**

　幼児の記憶は一度に覚えられる量が少なく、また覚えていられる期間も大人より短い。一度教えたことを忘れることがあるので、危険なことを繰り返し指導することが大切である。

　(4)　**自己中心性が強い**

　幼児は、事象を自分の立場あるいは一つの視点からしか分析・認識できない。興味があるものに注意が奪われると、そのこと以外は目に入らなくなる。例えば、ボールを追いかけて、こいでいるブランコの前を横切って通過するような危険な行動がある。保育者は子どもの行動を見守り、タイミングよく声を掛けたり、援助したりする必要がある。

　(5)　**抽象的な言葉は理解しがたい**

　幼児は「危ない」とか「注意しなさい」という抽象的な言葉は理解しがたい。何があぶないか、何に注意するかを具体的なイメージを伴う言葉で伝えるのは効果的である。

　(6)　**大人のまねをする**

　子どもは大人の行動をよく見ていて、しばしば模倣する。大人が子どもの手本になる安全な態度や行動をとることが大切である。

3　安全な生活に必要な習慣や態度を身に付けさせる

　領域「健康」のねらい（3）では、「健康、安全な生活に必要な習慣や態度を身に付ける」と示されている。

　日々の生活の中で、幼児は「汚れた手はせっけんで洗う」「使った物を元の場所に戻す」「遊んだおもちゃは自分から進んで片付ける」「危ないことに気付いたら保育者に報告する」「廊下は走らない」「知らない人

について行かない」「教職員の指示に従い、落ち着いて行動する」などの安全な生活に必要な習慣や態度を身に付ける必要がある。

また、遊具での事故やけがを防止するために、遊具遊びのルール（**図表6-4**）を守る態度や習慣を身に付けることが大切である。

図表6-4　遊具遊びのルール

すべり台	ぶらんこ
・すべり面から登らない ・かばんやひもなどを持ってすべらない ・すべり台の柵を乗り越えない、など	・飛び降りはしない ・降りるまで手を離さない ・安全な場所で順番を待つ、など
鉄棒	うんてい・ジャングルジム
・鉄棒をしている人のそばに近寄らない ・途中で手を離さない ・鉄棒をしっかり握る、など	・人を押したり引いたりしない ・雨でぬれた時に遊ばない ・しっかり握る、など
ボール遊び	砂場
・顔にめがけて投げない ・ふざけて投げたり、けったりしない ・周りで遊んでいる人に気を付ける、など	・人に砂をかけない ・スコップなどで人をたたかない ・汚れた手で目をこすらない、など

出典：「幼保育園保育者の「ひやり・はっと」体験の事例報告」を基に筆者作成

「すべり面から登らない」「すべり台の柵を乗り越えない」など、遊具遊びのルールを遊具の所で指導する。

幅広い生活経験や豊かな遊びの体験の中で、幼児がヒヤリ・ハットした体験やけがをした体験をもとに、なぜ危険か、どうしたら安全かなどを丁寧に教える。幼児自身が危険な場所やけがの起きやすい遊び方を知り、けがをしないためにはどうしたらよいかを考え、安全な生活に必要な習慣や態度を身に付ける。

4　積極的に豊かな遊びを取り入れる

身体的にも精神的にも未熟な子どもの遊びには危険も伴う。子どもの遊びの中での危険は、子どもが判断不可能な危険性である「ハザード」と子どもが判断可能な危険性である「リスク」の2種類に分けられる。

ハザードは、遊具が壊れている、遊具の間隔が狭く設置されているなど遊びとは無関係で、その場で即時対応する必要がある。

リスクは、遊びの楽しみの要素で、冒険や挑戦の対象となり、子ども

の発達にとって必要である。保育者が見守るもとで、「いつもより高いところから飛び降りる」「昨日まで登れなかった棒を登る」など自ら挑戦してみたい遊びや、遊具を使って自らの工夫で生み出す遊びを通して、危険予測能力や危険回避能力などを高めることができる。

　保育とは目の前の子どもを見守るだけではなく、子どもの未来を見据えた営みでなければならない。大切な子どもの命を守ることは保育の第一条件であるが、子どもたちが、自ら安全な生活を作り出す力を育てていくこともまた、保育に大切なことである。

　遊びの中で、子どもは、転ぶ、ぶつかる、つまずくといった体験をし、バランスをとる、よけるという反応を体で覚え、判断力や瞬発力を身に付ける。遊びを通して、危険な場所や危険な遊び方に気付き、自ら安全な生活を作り出す力を育てることができる。

【引用・参考文献】
大場義夫・松岡弘編『幼児の健康』福村出版、1973年
国土交通省「都市公園における遊具の安全確保に関する指針」2002年
日本スポーツ振興センター『学校の管理下の災害（平成28年版）』2016年
範衍麗「幼保育園保育者の「ひやり・はっと」体験の事例報告」安全教育学研究、第11巻第1号、2011年
文部科学省『「生きる力」をはぐくむ学校での安全教育』2010年
文部科学省『幼稚園教育要領』フレーベル館、2017年
文部科学省『学校防災のための参考資料「生きる力」を育む防災教育の展開』2013年

（範　衍麗）

第7章 領域「健康」のねらいと内容 − 3歳未満 −

第1節 新保育所保育指針（平成29年告示）での扱い

　平成29年告示の新保育所保育指針では養護について、第1章総則2に「養護に関する基本的事項」として記されており、教育に関しては第2章保育の内容において詳しく示されるようになった。教育に関する保育内容については、1.乳児保育に関わるねらい及び内容、2.1歳以上3歳未満児の保育に関わるねらい及び内容、3.3歳以上児の保育に関わるねらい及び内容、4.保育の実施に関して留意すべき事項、という4項目から述べられている。これまで年齢に関係なく5領域に関するねらい及び内容が示されていたのだが、新保育所保育指針では、乳児、1歳から3歳未満児、3歳以上児の3段階に年齢を区分してねらいと内容を記載しているのである。これは、0～3歳未満の年齢における教育について、より丁寧に考え、保育を展開していく必要性を示しているといえるだろう。

　昨今、乳児期から保育所に入所する子どもは増加傾向にあり、保育所において安全な生活ができるような配慮が求められるようになった。例えば、午睡中に乳幼児突然死症候群（SIDS）対策として、5分おきに呼吸を確認したり、うつぶせに寝かさないように注意したりすることは乳児保育の常識になっている。しかしながら、まだまだ知識と認識の不足により乳児死亡事故が後を絶たないのも現実である。このような不幸な事故を無くすためにも、新しい保育所保育指針では第1章に移動してより重要性を強く示していると考えるべきである。

第2節 乳児期のねらいと保育内容

1　3つの視点

　満1歳未満の乳児は急激な成長を遂げるため、「養護」に示される「生命の保持」と「情緒の安定」に関して十分に配慮して保育をしなければならない。同時に、生活や遊びの中で保育者に援助されながら、たとえ乳児であっても自らの意思でおもちゃを手にしたり、周囲の人と関わったりすることは、その後の学びの芽を育てていることになるだろう。乳児期は、生涯の学びのスタートであり、学ぶ力の発芽の時期なのである。

　乳児期は発達が未分化であるため乳児の発達段階を考慮して、保育所保育指針および幼保連携型認定こども園教育・保育要領における乳児期の保育のねらいと内容については、次の3つの視点から示されている。

　ア）身体的発達に関する視点「健やかに伸び伸びと育つ」
　イ）社会的発達に関する視点「身近な人と気持ちが通じ合う」
　ウ）精神的発達に関する視点「身近なものと関わり感性が育つ」

　このうち領域「健康」に関連する項目は、ア）であろう。乳児期の身体及び運動の発達は急激である。首も座らず、寝ているだけの子どもが、たった1年の間に這い這いをし、立ち上がり、歩けるようになる。握ることしかできなかった手も、指先を使って小さなものをつまむようになる。しかし、このように健やかに発達するには、保育者の適切な援助と豊かな愛情に基づいた関わりが不可欠であることを忘れてはならないだろう。

2　乳児期の保育のねらい

　保育所保育指針と幼保連携型認定こども園教育・保育要領には、身体的発達に関する視点のねらいが以下のように共通の内容で記載されている。

　「健康な心と体を育て、自ら健康で安全な生活をつくり出す力の基盤を培う」

（ア）ねらい
①身体感覚が育ち、快適な環境に心地よさを感じる。
②伸び伸びと体を動かし、はう、歩くなどの運動をしようとする。
③食事、睡眠等の生活のリズムの感覚が芽生える。

ねらい①は、乳児が心地よい安心感を基盤にしながら、身体感覚が育っていく重要性を示している。保育者に対する信頼感や愛着関係が築かれることが必要であり、保育者は乳児の発信するサインに応答的に対応することを心がけねばならない。

ねらい②は、保育者との安定した関わりを基盤に、子ども自らが探索活動を行いながら体を動かすことができるようにすることを意味している。子どもの興味や関心を掻き立てる環境を設定することも保育者の重要な配慮であるといえる。同時に、動きが不安定な乳児が、転倒などによる事故を引き起こさないような安全な環境を考えることも大切であろう。

ねらい③は、授乳や睡眠などの生理的欲求が十分に満たされ、安心して生活を送る中で、徐々に一人ひとりの生活のリズムが確立され始めるようにしていくことを目指している。個人差の大きい乳児期なので、一人ひとりのペースに合わせることへの配慮が求められるだろう。

3 乳児期の保育内容と内容の取扱い

保育内容には、ねらいを達成するために行う保育を以下の5項目で示している。

（イ）内容
①保育士等の愛情豊かな受容の下で、生理的・心理的欲求を満たし、心地よく生活をする。
②一人一人の発育に応じて、はう、立つ、歩くなど、十分に体を動かす。
③個人差に応じて授乳を行い、離乳を進めていく中で、様々な食品に少しずつ慣れ、食べることを楽しむ。
④一人一人の生活のリズムに応じて、安全な環境の下で十分に午睡をする。

⑤おむつ交換や衣服の着脱などを通じて、清潔になることの心地よさを感じる。

①に述べられているように乳児にとってはまず安心して頼ることのできる人がいることがすべての活動の基盤である。さらに、一人一人の成長や発達段階を十分に考慮しながら、運動機能を適正な時期に伸ばす働きかけをする保育の実施を求めている。また、食事、睡眠、排泄といった生理的な欲求に対して、その後の発達につながるような関わりをすることが、乳児の保育にとって重要であることが示されているのである。ただし月齢による差、家庭の生活時間による差、子ども自身の発達の速度など、一人として同じ子どもはいない。子どもの生活の背景を考慮しながら、伸び伸びと活動し、成長できるように働きかけることが、保育者の重要な役割であり、乳児期の保育の中心となるだろう。それにより、1歳以降の食事、睡眠、排泄といった生活リズムを構成する基本的生活習慣についても、望ましい形で身に付けやすくなるのである。

新保育所保育指針では、これまで記載がなかった「内容の取扱い」が記されるようになった。この項目には、上記に示した①〜⑤の保育内容に記された保育を実施する際の留意事項が示されている。

その中で重視しなければならないのは、心と体の関連性であろう。保育者との暖かい触れ合いの中で、子どもが自らの意欲を育てることができるような関わりをするように記載されている。また、特に食習慣に関しては、離乳食の時期からそれが楽しい時間になるように和やかな雰囲気を重視することや、アレルギーへの対応を適切に行う事が示されている。アレルギーに関しては、命にも関わる重要な問題である。事故が起きないための人的、物的環境を整える必要性が強調されているととらえ、園全体で情報を共有しながら、医師などの関連機関や家庭と十分に連携をしながら実施していくことが大切であろう（第12章参照）。

第3節　1歳以上3歳未満のねらいと保育内容

1　領域「健康」のねらい

　この年齢段階からは、3歳以上と同様5領域に分け、保育内容が示されている。健康のねらいは以下の通りである。
　「健康な心と体を育て、自ら健康で安全な生活をつくり出す力を養う。」
　　(ア) ねらい
　① 明るく伸び伸びと生活し、自分から体を動かすことを楽しむ。
　② 自分の体を十分に動かし、様々な動きをしようとする。
　③ 健康、安全な生活に必要な習慣に気付き、自分でしてみようとする気持ちが育つ。
　1〜2歳の時期は、歩行もしっかりしてきて活動の範囲が広がる。それとともに、周囲の環境への働きかけも豊富になり、色々なことに興味をもって取り組むようになる。この時期の領域「健康」の大きなねらいは、幼児期につなげるための力の基礎を培うことであろう。
　ねらい①にまず記されているのは、子どもが心身ともに安定し、のびのびと生活することの重要性である。保育者との安心できる関わりを基盤として生活することにより、意欲的な活動につながっていくといえよう。乳児期と同様に、安心できる人がいればこの時期の子どもは探索の範囲を広げ、自ら体を動かしながら遊び始めることができるのである。
　ねらい②は、色々な動きの基礎を獲得する時期であることを考慮し、自ら体を動かしながら動きを習得することを意味している。
　ねらい③は、基本的生活習慣を徐々に身に付けていく時期であることから、自らやろうとする気持ちを育てることを意味している。基本的生活習慣の中でも、排泄や食事に関しては3歳ころから自立し始める。また、清潔や着脱衣に関しては、1〜2歳でもできることが少しずつ増え

てくる。自分でやってみたい、という気持ちを大切にしながら、自立までスムーズにつなげていけるようにすることがねらいである。

2 領域「健康」の保育内容

ねらいを達成するためにどのような保育を行うべきか、保育内容に関しては以下の7項目が示されている。

① 保育士等の愛情豊かな受容の下で、安定感をもって生活をする。

② 食事や午睡、遊びと休息など、保育所における生活のリズムが形成される。

③ 走る、跳ぶ、登る、押す、引っ張るなど全身を使う遊びを楽しむ。

④ 様々な食品や調理形態に慣れ、ゆったりとした雰囲気の中で食事や間食を楽しむ。

⑤ 身の回りを清潔に保つ心地よさを感じ、その習慣が少しずつ身に付く。

⑥ 保育士等の助けを借りながら、衣類の着脱を自分でしようとする。

⑦ 便器での排泄に慣れ、自分で排泄ができるようになる。

幼児が明るく伸び伸びと生活するには、安心できる人の存在が必要不可欠である。①は、子どもが精神的に安定し、穏やかに過ごすことができるように心がけることが保育の基本となることを表している。長時間の保育を受ける子どもにとっては、保育者が途中で入れ替わることがあるので、その際にも安心して過ごせるように、保育者同士の連携が重要になるだろう。

②では、遊びの時間がまとまって取れるようになり、満足するまで遊ぶこともできるようになる1〜2歳の時期の生活について示している。この頃になると、遊びの時間、食事の時間、午睡の時間などにリズムができる。子ども自身も生活の流れを理解し始めるので、子どもが心地良く、安定した生活リズムで過ごせるように配慮したい。ただし、まだまだ個人差が大きい時期であるため、一人ひとりの生理的な欲求や、家庭

での生活についても十分考慮しなければならないだろう。

　③については、立つ、歩く、といった運動機能が備わった後、自由に体を動かして遊ぶ中で、その後の運動の基礎になる動きを身に付けていくことが求められている。体を動かして遊ぶ際にも、子ども自身が楽しく、自主的に動くことが大切である。そのためには、楽しく体を動かせる環境が必要であろう。

　④から⑦については、基本的生活習慣に関する内容である。食事に関して保育者は、食事が楽しい時間になるように配慮しながら、咀嚼や食べるリズムが身につくような援助をしていくことが大切であろう。清潔、着脱衣、排泄の習慣については、多くは保育者の援助によってなされるが、その際も言葉をかけたり、豊かな表情で気持ちを表現したりしながら、心地よさを味わえるような働きかけが必要である。また、自分でやりたい気持ちが生まれてくるので、そのような子どものやる気を大切にしながら、自立に向かえるような援助をしていく必要がある。叱ったり、自分でやらせなかったりすることは逆効果となるので、気を付けなければならない。また、食事や排泄、睡眠に関しては、家庭との連携が重要である。園と家庭の子どもの姿を情報交換しながら、同じ意識で援助ができるように、保護者と協力ができることが望ましい。

3　領域「健康」内容の取扱い

　前項に示した保育内容を実際に展開する際に配慮すべき内容について、「内容の取扱い」として下記の4項目にまとめられている。

　① 心と体の健康は、相互に密接な関連があるものであることを踏まえ、子どもの気持ちに配慮した温かい触れ合いの中で、心と体の発達を促すこと。特に、一人一人の発育に応じて、体を動かす機会を十分に確保し、自ら体を動かそうとする意欲が育つようにすること。

　② 健康な心と体を育てるためには望ましい食習慣の形成が重要であることを踏まえ、ゆったりとした雰囲気の中で食べる喜びや楽しさを味

わい、進んで食べようとする気持ちが育つようにすること。なお、食物アレルギーのある子どもへの対応については、嘱託医等の指示や協力の下に適切に対応すること。

　③　排泄の習慣については、一人一人の排尿間隔等を踏まえ、おむつが汚れていないときに便器に座らせるなどにより、少しずつ慣れさせるようにすること。

　④　食事、排泄、睡眠、衣類の着脱、身の回りを清潔にすることなど、生活に必要な基本的な習慣については、一人一人の状態に応じ、落ち着いた雰囲気の中で行うようにし、子どもが自分でしようとする気持ちを尊重すること。また、基本的な生活習慣の形成に当たっては、家庭での生活経験に配慮し、家庭との適切な連携の下で行うようにすること。

　①は、心と体の発達には大きな関係があり、子どものやろうとする意欲が育つことで遊びが広がり、それにより遊び込む機会が生まれ、さらに意欲が育つ、といった育ちを大切にすることを述べている。子どもは遊びの中で体を十分に動かす機会を持つことが大切で、子どもが体を使いながら遊び込める環境を構成することが求められるのである。

　②から④は基本的生活習慣に関する援助の留意点が示されている。②は食事に関することであるが、楽しく食べることが自ら進んで食べる子どもを育てることを示唆している。③、④については、個人差に配慮した関わりの重要性を示しているだろう。保育者は、子どもの心と体の両面が、望ましい発達を遂げられ、明るく意欲的な日々が送れるように、子どもを援助していくことが大切である。

【引用・参考文献】
厚生労働省「保育所保育指針」2017年
内閣府・文部科学省・厚生労働省「幼保連携型認定こども園教育・保育要領」2017年
無藤隆・汐見稔幸・砂上史子著『ここがポイント３法令ガイドブック』フレーベル館、
　　　2017年

（髙橋弥生）

第8章　領域「健康」のねらいと内容－3歳以上－

第1節　「教育要領」「保育指針」「教育・保育要領」新旧の比較

1　「要領・指針」にみる3歳未満児と3歳以上児の保育の違い

　周知のように、2008年告示の「幼稚園教育要領」「保育所保育指針」及び2014年告示の「認定こども園教育・保育要領」は、2017年に告示され、2018年4月に施行される。

　今回の改正では、幼稚園、保育所、幼保連携型認定こども園の3歳以上児については、「幼稚園教育要領」「保育所保育指針」「幼保連携型認定こども園教育・保育要領」（以下、「要領・指針」）は統一された。それは、今日の教育改革の大きな流れである。

　教育改革のことに関してはここでは取り扱わないが、別途に学修し改めて「要領・指針」を読めば、より深く理解できる。

　3歳以上児と3歳未満児の保育の大きな違いは何か。

　それは、保育所保育指針の総則の3の「保育の計画及び評価」の（2）指導計画の作成の「イ」に以下のように記述してある。

　（ア）3歳未満児については、一人一人の子どもの生育歴、心身の発達、活動の実態等に即して、個別的な計画を作成すること。

　（イ）3歳以上児については、この成長と、子どもの相互の関係や共同的な活動が促されるよう配慮する。

　つまり、3歳以上児に関しては、3歳未満児での保育者との充実した関係を基礎にして、友達関係の充実を図ることが求められるのである。

そして、3歳以上児の健康領域の3つの「ねらい」を達成するために
は、「充実した友達関係」を意識した保育を行うことが求められる。
　あらゆる世代での「コミュニケーション能力」ということが問題にされ
て久しいが、この能力は乳幼児期から身に付けていく課題である。
　「友達関係の充実」の根底にはコミュニケーション能力がある。

2　新旧の「教育要領・保育所指針」の比較

　まず、新旧の「要領・指針」の「健康領域」を比較する。
　「旧」の「保育所保育指針」、「幼保認定型こども園教育・保育要領」に
おいては、幼稚園教育要領とは若干異なっているが、「新」では同じ「ね
らい」「内容」であるので、頁数の関係で「幼稚園教育要領」で比較する。
　新旧は以下の表の通りである。「新」のアンダーライン部分が「旧」と
異なる箇所である。

旧幼稚園教育要領	新幼稚園教育要領
【ねらい及び内容】	【ねらい及び内容】
健康な心と体を育て、自ら健康で安全な生活をつくり出す力を養う。	健康な心と体を育て、自ら健康で安全な生活をつくり出す力を養う。
1　ねらい	1　ねらい
（1）明るく伸び伸びと行動し、充実感を味わう。	（1）明るく伸び伸びと行動し、充実感を味わう。
（2）自分の体を十分に動かし、進んで運動しようとする。	（2）自分の体を十分に動かし、進んで運動しようとする。
（3）健康、安全な生活に必要な習慣や態度を身に付ける。	（3）健康、安全な生活に必要な習慣や態度を身に付け、見通しを持って行動する。
2　内容	2　内容
（1）先生や友達と触れ合い、安定感を持って行動する。	（1）先生や友達と触れ合い、安定感を持って行動する。
（2）いろいろな遊びの中で十分に体を動かす。	（2）いろいろな遊びの中で十分に体を動かす。
（3）進んで戸外で遊ぶ。	（3）進んで戸外で遊ぶ。
（4）様々な活動に親しみ、楽しん	（4）様々な活動に親しみ、楽しん

で取り組む。 （5）先生や友達と食べることを楽しむ。 （6）健康な生活のリズムを身に付ける。 （7）身の回りを清潔にし、衣服の着脱、食事、排泄などの生活に必要な活動を自分でする。 （8）幼稚園における生活の仕方を知り、自分たちで生活の場を整えながら見通しを持って行動する。 （9）自分の健康に関心を持ち、病気の予防などに必要な活動を進んで行う。 （10）危険な場所、危険な遊び方、災害時などの行動の仕方が分かり、安全に気を付けて行動する。	で取り組む。 （5）先生や友達と食べることを楽しみ、<u>食べ物への興味や関心を持つ</u>。 （6）健康な生活のリズムを身に付ける。 （7）身の回りを清潔にし、衣服の着脱、食事、排泄などの生活に必要な活動を自分でする。 （8）幼稚園における生活の仕方を知り、自分たちで生活の場を整えながら見通しを持って行動する。 （9）自分の健康に関心を持ち、病気の予防などに必要な活動を進んで行う。 （10）危険な場所、危険な遊び方、災害時などの行動の仕方が分かり、安全に気を付けて行動する。

「ねらい」の変更箇所は（3）で、「旧」は単に「身に付ける」だけであったが、「新」では「見通しを持って行動」できることを問題にしている。

また、「内容」においては、（5）で「楽しく食べる」というだけではなく、「自分が食べている『もの』」に意識させるようにしている。

この変更は、単に文章が変わったというだけではなく、日々の教育・保育の在り方にも変化を与える。実践の在り方の違いを考えてほしい。

特に、「見通し」ということに関しては、ねらいの（3）の「健康、安全な生活」という面だけではなく、日々の園の生活、遊び、友達との関係、順番を守るなど、全て「見通し」という能力を身につけることが必要となってくる。

なぜならば、人間は「自分がこのようにしたら……」と考え、「だから、このようにしたほうが……」というように、先のことを考え、その結果の

状況を事前に予測し、そして自分の行動を規制し、修正する等を行いながら日々の言動をとっているからである。

この「見通し」は様々な活動を行う中で、その結果を具体的に記憶し、それを評価し、どうあるべきであったかを考え、そしてそれらを言語化して整理する、ということを繰り返す中でその力は身についていく。

教育・保育はこの力を身に付けることが柱となるのかもしれない。

第2節　「内容」の読み方と「内容の取り扱い」からみた保育の在り方

1　「内容」の読み方

ここでは、「内容」の10項目をどのように考えるのか検討する。

「内容」というのは「ねらい」を達成するために行うものである。

保育を行う場合にどのような保育を行えばよいのか、わかりやすいように保育者側の視点及び文章を追加して記述する。（　）の番号は「要領・指針」の「内容」の番号と同じである。

（1）活動するときは先生や大人、そして友達とふれあいのある活動となるように、ケンカなどの様々な不安定な状況が生じても、子どもたちが将来的に安定感を持って行動できるようになる保育を行う。

（2）十分に体を動かしいろいろな遊びができるようになる保育を行う。

（3）子どもが積極的に戸外で遊ぶことが好きになる保育を行う。

（4）一つの活動だけではなく、子どもたちがいろいろな活動を選択することができ、そして、いろいろな活動に楽しく取り組めるようになる保育を行う。

（5）昼食の時間やおやつの時間等、園で食べるときは楽しく食べるような状況をつくり、さらに食べている「もの」や調理方法に興味を持つようになる保育を行う。

（6）園（できれば家庭も含めて）での生活は、生活リズムが身に付く保育を行う。そして、行事等の前後や休みが続いた後は生活リズムが崩れやすくなるが、不安定な状況を修正できる保育を行う。

（7）基本的生活習慣が獲得できる保育を行う。

（8）後片付け、掃除など、園の生活が気持ちよくできるように、生活の場は自分たちで整えることができるようになる保育を行う。

（9）園で楽しく過ごすことができるように、基本的な健康管理は自分でできるようになる保育を行う。

（10）怪我をしない遊び方や危険な場所に近づかないなど、安全を意識した活動ができるような保育、また災害時等の行動の仕方も身に付けることができる保育を行う。

　上記のように、「健康の領域」は多くの分野を対象とし、保育を行うものである。しかし、これらは人として生活する基本的なことである。

　文章を読むだけでは簡単な内容である。しかし、現実の保育では、上記の「内容」を子どもたちが身に付けるには、多大な労力を要する。

　例えば、「戸外で遊ぶ」という「内容」があるが、今日では、日本の多くの園からこのことが困難な状況であると報告されている。地方の園においても、子どもたちはなかなか戸外で体を思いっきり動かして遊ぶ状況は少なくなってきている。

　「遊んでもらう子」「遊ばない子」「遊ぶことができない子」と言う言葉が使われるようになって久しいのである。

　では、どのようにすれば「内容」を現実のものとし、「ねらい」が達成できる保育を行うことができるのであろうか。

　それを考える端緒は「内容の取り扱い」の文章にある。この箇所のそれぞれの言葉を深めていくと、保育の在り方がみえてくる。

　もちろん、この箇所を読んだだけでは深まらない。内容に関連する分野の、別途の深い学修が必要である。

2 「内容」と「内容の取り扱い」を関連づけ深める

　3歳以上児の「健康領域」の「内容の取扱い」の（1）を例に、充実した保育を行う「考える過程」を少し記述してみる。

　文書を深めるためには、自問自答をすることが大切である。

「心と体の健康は、相互に密接な関連がある」。

　まず、本当であろうかと自問自答することである。

　とりあえず自分自身の状況で考えてみよう。自分が病気になったとき、気持ちはどのようになっているであろうか。病気のときに新しいことに挑戦しようという気持ちは生まれるであろうか。もちろん人によって異なるが、多くの人は病気になれば気持ちは沈むし、元気なときは気持ちも上々という状況が多いのではないだろうか。

　このように、自分に引き寄せて考えれば、この文章は本当のようである。しかし、自分自身のことを中心に考えても、それは自分のことでしかない。つまり、「個別」のことであり、「一般化」にはならない。

　保育を行うためには「一般化」ということが大切である。

　「一般化」するためには、視野を広げていくことが必要である。そして、そのためには専門的な学修をすることが求められる。

　この文章を専門的に考えれば、「『心身一元論』か『心身二元論』か」という問題である。古くから論争のあった内容である。

　「要領・指針」は「心身一元論」の立場で書かれているのであるが、現在は科学の進歩により多くのことが解明され、「心身一元論」が一般的となっている。

　次の文章を深めてみよう。

「幼児が教師や他の幼児との温かい触れ合いの中で自己の存在感や充実感を味わう。」

　逆に言えば、「自己の存在感や充実感を味わう」ためには、「教師や他の幼児との温かい触れ合い」が大切であると言うことである。

では、どのようにすれば、教師と子どもたち、そして子どもたち同士の温かい触れ合いが生じるのであろうか。また、友達との「温かい触れ合い」とはどのようなものなのであろうか。

　先生も含めてみんなで遊んでいればこのような状況が生まれるものではない。「ケンカしたらいけないよ。みんなで仲よく遊ぶのよ。」と言葉で言えば可能になるものでもない。友達と遊べば、トラブルが続出するのは当たり前であるが、子どもたちがケンカしているとき先生が強くかかわれば、ケンカは表面上終わるかもしれない。しかし、そこに「温かい触れ合い」が生じる可能性が増大するであろうか。疑問である。

　子どもと先生との温かい触れ合いを意図的につくりあげること。トラブルが生じたら、先生がかかわることでトラブルが解消し、「子ども同士の温かい関係が深まる」こと。このようなことが現実となる保育の取組が必要なのである。

　さて、そのためには、どのような保育を行えばよいのであろうか。

　子どものケンカが始まったとき、「ある程度見守っているのか」、「それとも直ぐにケンカにかかわるのか」、と二者択一で考えても現実的には悩みの種である。

　さらに、「十分に体を動かす気持ちよさを体験し」という文章がある。

　この「気持ちよい」というのは、育つ過程で形成されるものである。すなわち後天的なものなのである。

　体を動かすと汗が出る。では、汗が出たときに園にいる子どもは「気持ちよい」と感じるのか、「不快」と感じるのか。どちらであろうか。

　もちろん子どもによって異なる。入園したとき、汗が出て「不快」と感じる子どもは当然いる。なぜなら、子どもが生まれ、育つ過程で、中にはできるだけ汗が出ないように育てられた子どももいるからである。

　当たり前のことであるが、たとえ生まれて数年ではあっても、子どもたちは育った年数の人生を背負っている。数年間の育ちの結果がある。

　保育は様々な子どもがいることを前提として、一人ひとりの子どもを

しっかりとみつめて実践することが求められるのである。

「内容の取扱い」の文章を「内容」と関連づけて深め、そして、これらを子どもたちが身につけることができる保育を行うことができるように、専門的な資質・能力を向上させた保育者が、「良い保育者」と言われるようになるのである。

第3節　小学校との接続を意識した取り組みを

年長児になると小学校への入学が視野に入ってくる。

今日では、「小1プロブレム」という言葉で表される状況、また、小学校になじめず不登校気味になる、など「幼・保と小の接続」ということが課題となって久しい。

それゆえ、小学校だけではなく、園においても「接続」を意識した教育が求められている。今日では幼保小の教職員の相互の交流が行われているが、このような体制だけではなく教育の内容・方法も「接続」を意識した取組を行う必要がある。そのためにも、幼児教育に携わる保育者も小学校の学びを学修することが重要である。

【引用・参考文献】
汐見稔幸著『本当は怖い小学一年生』ポプラ社、2013年
全国保育士会編『平成29年3月31日告示　保育所保育指針　幼保連携型認定こども園教育・保育要領』社会福祉法人全国社会協議会、2017年
民秋 言編者代表、西村重稀他編『幼稚園教育要領・保育所保育指針・幼保連携型認定こども園教育・保育要領の成立と変遷』萌文書林、2017年
暉峻淑子著『対話する社会へ』岩波書店、2017年
ヴィゴツキー著、土井捷三他訳『「発達の最近接領域」の理論』三学出版、2003年
山鳥 重著『「わかる」とはどういうことか―認識の脳科学』筑摩書房、2002年

（牧野共明）

第9章 運動能力を高める遊び

第1節 子どもを取り巻く現状

　生活様式が大きく変化し、歩くことをはじめとした身体を動かす機会が減少し、高い運動強度や多くの運動量を必要としなくなってきた。交通事故や犯罪への懸念などの社会環境の変化で遊びの三間（遊ぶ時間、遊ぶ空間、遊ぶ仲間）が減少し、戸外で体を動かして自由に遊ぶ機会が減少している。また、共働き家庭が増加したことにより平日の保育時間が長くなり、家庭に居る時間が減少し、運動遊びをはじめとする身体活動が家庭保育の中では出来なくなってきている。子どもにとって身体活動・遊びが減少することは、その後の児童期・青年期への運動やスポーツに親しむ資質や能力の育成の阻害に止まらず、意欲や気力の減弱、対人関係などコミュニケーションをうまく構築できないなど、子どもの心の発達にも重大な影響を及ぼすこと考えられる。

　この現状を踏まえ、文部科学省は『幼児期運動指針』（2012年）で「幼児（3〜6歳）は様々な遊びを中心に、毎日、合計60分以上、楽しく体を動かすことが大切です！」と謳い、
　・多様な動きが経験できるように様々な遊びを取り入れること
　・楽しく体を動かす時間を確保すること
　・発達の特性に応じた遊びを提供すること
　を挙げている。

第2節 運動遊び

1 0〜2歳の運動遊び

(1) 0〜2歳児の保育者との関わりで育てる運動機能

　この時期は、直立二足歩行するための脊椎の生理的湾曲、体幹の姿勢保持や上肢での自重保持等、生涯の基盤となる運動機能を獲得する大切な時期である。新生児の運動機能は、次第に原始反射が中枢神経の発達に伴い統合・消失していく。運動機能の発達は、頭部から下部へ、中枢から末梢へ、全体から部分へ、粗大から微細へと進む。首が座り、一人で座り、這う、つかまり立ち、歩くと成長を重ねる毎に動きを獲得していく。また、周りの状況把握は、生まれてすぐから保育者の様子を目で追う追視が始まり、3カ月頃には音も加わる。保育者が子どもの肌に触れ、体を動かすことは、体の動かし方を覚えるだけでなく、触れる心地よさや安心感を味わうスキンシップとして大切な行為である。

　子どもは、自分で主体的に活動や教材を選べない。保育者が意図的に運動機能を引き出していく活動や教材を子どもの成長に合わせて、遊びを通して次の段階へステップが出来るように、様々な経験を十分に提供しなければならない。

(2) 0〜2歳児の運動遊びの実際

　①3カ月頃まで（首がすわるまで）：目あわせ、声かけ、抱っこやマッサージ等、保育者主導で子どもと触れあい遊び。

　②0歳児（首がすわり・ハイハイ時期からつかまり立ち）：コチョコチョ、飛行機、膝でユラユラ、いないいないばあ、ボール等を握る・放る、マットなどの小さな段差登り、段ボールくぐり。

　③1歳児（立ち上がり・歩く）：ぎっこんばったん、ゆりかご、あしあしあひる、ある程度自分でバランスをとる遊び。階段上り下り、マット

遊び、ボールを転がす・捕まえる

④2歳児（簡単な基本的な動き）：ぐるぐる、ぐるりんぱ、しがみつき、大人とダイナミックなふれあい遊び。平均台、ジャングルジム、鉄棒などの固定遊具遊び。かけっこ、簡単な鬼ごっこ（引越し鬼、くすぐりおに等）。

図表9-1　0〜2歳の運動あそび

マッサージ　　飛行機　　あしあしあひる　　ぐるぐる

出典：筆者作成

2　3〜5歳の運動遊び

(1)　3〜5歳の動きの獲得

幼児の発達は、必ずしも一様でないため、一人ひとりの発達の実情を捉えることに留意する必要がある。幼児期は、脳を含めた神経系の発達が著しい時期であり、生涯にわたって必要な多くの運動の基となる多様な動きを幅広く獲得する非常に大切な時期である。動きの獲得には、「動きの多様化」と「動きの洗練化」の2つの方向性がある。

①動きの多様化

年齢とともに獲得する動きが増大する。この時期に獲得したい基本的な動きは、

　体のバランスをとる動き（安定性）：立つ、座る、回る　等

　体を移動する動き（移動動作）：歩く、走る、跳ぶ　等

　用具などを操作する動き（操作動作）：持つ、投げる、捕る　等

である。初期においては、動きが単一で行われることが多いが、発達するにつれて動きが複合的に組み合わさり、多様な動きを総合的に経験し、

獲得していく。例えば、鬼ごっこでは「走る」「よける」「つかむ」等の動きが含まれ、獲得される。

②動きの洗練化

年齢とともに基本的な動きの運動の仕方（動作様式）がうまくなっていくことである。幼児期の初期（3～4歳頃）では、動きに「力み」や「ぎこちなさ」が見られるが、適切な運動経験を積むことによって、年齢とともに無駄な動きや過剰な動きが減少して動きが滑らかになり、目的に合った合理的な動きができるようになる。これは、体を動かす一連の過程（感覚－判断－動き）をうまくコントロールする能力（コーディネーション能力）を養うことである。コーディネーション能力は、リズム能力、バランス能力、変換能力、反応能力、連結能力、定位能力、識別能力がある。遊びをしている時は、これらの能力が複雑に組み合わさっている。例えば、鬼ごっこでは鬼の場所を瞬時に判断する（定位能力）、鬼から逃げる（反応能力）、逃げる・捕まえる時のフェイントや方向転換（変換能力）が挙げられる。

図表9-2　コーディネーション能力の分類

リズム能力	リズム良く身体を動かす
バランス能力	バランスを保ち、崩れた体勢を立て直す
変換能力	状況に合わせて、素早く動作を切り替える
反応能力	合図に素早く、正確に対応する
連結能力	関節や筋肉の動きを、タイミングよく同調させる
定位能力	相手やボールなどと自分の位置関係を正確に把握する
識別能力	手足や用具などを精密に操作する

出典:筆者作成

(2) 3～5歳の多様な動きを促す遊び

①3歳～4歳頃

日常生活や体を使った遊びの経験を基に、次第に動き方が上手にできるようになる時期である。置かれている生活環境に適応しながら、未熟ながらも基本的な動きが一通りできるようになる。次第に自分の体の動きをコントロールしながら、身体感覚を高め、より巧みな動きを獲得す

ることができるようになる。

　この時期の幼児には、遊びの中で多様な動きが経験でき、自分から進んで何度も繰り返すことにおもしろさを感じることができるような環境の構成が大切である。例えば、屋外での滑り台、ブランコ、鉄棒などの固定遊具、室内での巧技台やマットなどの遊具の活用を通して、全身を使って遊ぶことなどにより、「体のバランスをとる動き」と「体を移動する動き」を獲得しておきたい。

　②4歳～5歳頃

　これまで経験し獲得した基本的な動きの定着し、多くの基本的な動きを経験するようになる。特に全身のバランス能力の発達や身近にある用具を使って操作動作を身につけていく。

　友達と一緒に運動すること、自分たちでルールや決まりを作ることにおもしろさ・楽しさを見いだしたり、憧れる友達や保育者が行う動きのまねをしたりすること（模倣）に興味を示すようになる。身近な保育者の存在が、基本的な動きの獲得に大きく影響する。また、周りの環境との関わり方を工夫し始める。

　この時期の子どもには、例えば、縄跳び・ボール遊び・フラフープなど体全体でリズムをとったり、用具を巧みに操作したりコントロールさせたりする遊びの中で、操作動作（持つ、運ぶ、投げる、捕る、蹴る、押す、引くなど）を経験しておくことが望まれる。

　③5歳～6歳頃

　一つひとつの基本的な全身を使った動きは、これまでの遊びの経験や友達との共有しているイメージから遊び中で、再現性が高まり、無駄や過剰な動きが少なくなり、より滑らかで巧みに行えるようになる。さらに連続的に走りながら跳んだり、地面に手でボールを突くドリブル等の易しい複数の動きを同時に行ったりする「基本的な動きの組み合わせ」ができるようになる。

　また、友達と目的に向かって力を合わせたり、役割を分担したりして

集団で遊ぶようになる。知識や経験を生かし、工夫をして、遊びを発展させていく姿も見られ、満足するまで繰り返して取り組むようになる。

　この時期の子どもには、遊具を用いた複雑な動きが含まれる遊びや、様々なルールでの鬼遊びなど、挑戦してみたら出来ると思えるレベルの組み合わせた動きが含まれる遊びを取り組んでいく。そのことで安定性・移動動作・操作動作がより滑らかに遂行できるようになる。

図表9-3　3〜5歳の運動遊び

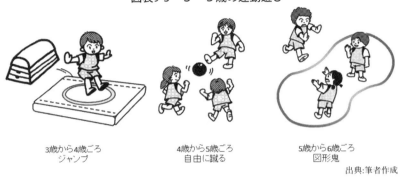

3歳から4歳ごろ
ジャンプ

4歳から5歳ごろ
自由に蹴る

5歳から6歳ごろ
図形鬼

出典:筆者作成

3　固定遊具での運動遊び

　子どもは、鉄棒・滑り台・雲梯やアスレチック遊具等の固定遊具で遊ぶことが大好きで、お気に入りがある。固定遊具は、設定された遊びだけでなく、色々な動きを子ども自身が想像して作り出すこともでき、自然に全身を使い、多様な動きを身につけられる。固定遊具は、心身の発育を促進し、遊びを豊かにする大切な遊具である。幼児の遊びに応じて工夫を加えることでは、鉄棒や雲梯に一本のロープを加えることでブランコ、ターザンごっこ、輪を的に例えての的当て等、子どもの発想で色々遊び方に変化する。また、競争や鬼ごっこの場所として利用することで新たな遊びになる。

　固定遊具での遊びには、冒険や挑戦の意味合いがあるので、ある程度の危険性も内存している。その内存する危険性は、遊びの価値のひとつ

でもある。保育者は、その危険性を把握し、管理することが大切である。遊具の安全点検、遊具の特徴や子ども達の運動能力に対しての十分な把握が必要である。

4 一人や集団での運動遊び

　子どもの遊びは、その発達の段階に応じて変わる。3歳までは、周囲に関心があまりなく並行遊びや一人遊びが多い。3歳以降になると周りへの関心が高まり、一緒に遊びたい、友達に自分の出来るところを見てもらいたいなどの感情が湧いてきて、二人や集団での遊びが多くなる。また、遊びの種類や内容によっても遊ぶ人数も異なっていく。子どもの様子を観察し、保育者は子どもに必要な遊びの内容を援助することが必要である。

　①一人での運動遊び

　五感を刺激する遊びや一人で最後までやり遂げたいと思う遊びが挙げられる。一人で遊ぶとしても、保育者や友達とのやり取りがあることやそばに保育者や友達が意識出来る環境であることが子どもにとって安心して遊べる場となる。感覚的な喜びを子どもが感じるたりする場面では共感する言葉がけや、チャレンジする場面では励ましや盛り上げる援助が大切になる。バランス歩き・走り、単縄跳び、竹馬、的当て等。

　②二人での運動遊び

　二人での遊びは、相手をよく見たり、相手のペースに合わせたりすることで、自然と相手のことを理解したり、相手にわかりやすいように伝える能力が育つ。集団への遊びの原点となる。二人で動作を合わせるシンクロ遊び、キャッチボール、じゃんけんや相撲などの勝敗を決める遊びが見られる。保育者は、二人が感じている喜びの共有や片方の一方的な行動の安全への配慮をしていく。

　③集団での運動遊び

　集団での遊びの中で、友達と意見を出し合って遊びを工夫し、友達の

表情を見ながら、いたわり・悔しさ・我慢する気持ちが生まれ、出来たときの達成感から遊びの喜びや楽しさを学ぶ。仲間と決めたルールや約束事を守ることで社会性を養うこともできる。保育者は、一人ひとりの子どもの思いと集団全体の考えの両方を見取る視野をもって、子ども達と関わることが大切になる。 鬼ごっこ、ダンス、忍者ごっこ、ドッジボール等。

図表9-4　一人や集団での運動遊び

一人遊び　　　　　二人遊び　　　　　集団遊び
ボールキャッチ　　いろいろキャッチ　　ドッジボール

出典：筆者作成

【引用・参考文献】

安倍大輔著、穐丸武臣、花井忠征編さん『幼児の楽しい運動遊びと身体表現　めざせガキ大将』圭文社、2010年

佐藤善人、青野博著『アクティブ・チャイルド・プログラム ―子どもの心と体を育む楽しいあそび』ベースボールマガジン社、2015年

杉原隆、河邉貴子編著『幼児期における運動発達と運動遊びの指導　遊びのなかで子どもは育つ』ミネルヴァ書房、2014年

奈良教育大学附属幼稚園プロジェクトチーム著『運動遊びで「からだ力」UP!!』ひかりのくに、2014年

幼児期運動指針策定委員会『幼児期運動指針』文部科学省、2012年

（加藤達雄）

第10章 基本的習慣の指導

第1節 子どもの基本的生活習慣とは

1 子どもの生活習慣の現状

　近年の子どもの生活習慣は大きく乱れていると言われており、生活習慣の乱れが学習意欲や体力、気力の低下の要因の1つであると指摘されている。

　例えば、この20年間で幼稚園児が家を出て園に向かう時間は8分早くなり、保育園児では34分早くなっている。家に帰る時間は幼稚園児で31分、保育園児では32分遅くなっている。また、この10年間で母親が専業主婦として家庭に在宅している割合は68.4%から51.1%に減少している〔ベネッセ教育総合研究所、2016〕。つまり、母親が外に出て働かなければならない家庭事情や社会的状況の発生が増大し、家庭における母親の不在時間の増加に比例して、子どもが家の外で過ごす時間が増えている現状がある。そうした中で、本来は個々の家庭で行うべき子どもの生活習慣の指導や定着、自立が困難になってきている。

　このような家庭・社会状況の中における子どもの生活習慣の乱れを、個々の家庭や子ども自身の問題だとして見過ごすことなく、園などで生活習慣の定着や自立に向けて取り組むことが子育ての重要な課題の1つであろう。

2　基本的生活習慣のねらい

　幼稚園教育要領の健康領域におけるねらいの1つに、「健康、安全な生活に必要な習慣や態度を身に付け、見通しをもって行動する」がある。また、内容には「健康な生活のリズムを身に付ける」、「身の回りを清潔にし、衣服の着脱、食事、排泄などの生活に必要な活動を自分でする」、「幼稚園における生活の仕方を知り、自分たちで生活の場を整えながら見通しをもって行動する」などがある。内容の取り扱いにおいては「基本的な生活習慣の形成に当たっては、家庭での生活経験に配慮し、幼児の自立心を育て、幼児が他の幼児と関わりながら主体的な活動を展開する中で、生活に必要な習慣を身に付け、次第に見通しをもって行動できるようにすること」など、幼稚園教育要領における基本的生活習慣に関するねらいや内容、内容の取り扱いについての記載が以上のようになされている。

　3歳未満児の健康領域に関しては、保育要領・幼保連携型認定こども園教育の内容の取扱いに「食事、排泄、睡眠、衣類の着脱、身の回りを清潔にすることなど、生活に必要な基本的な習慣については、一人一人の状態に応じ、落ち着いた雰囲気の中で行うようにし、園児が自分でしようとする気持ちを尊重すること。また、基本的な生活習慣の形成に当たっては、家庭での生活経験に配慮し、家庭との適切な連携の下で行うようにすること」などの記述がみられる。

　子どもが健全に成長し社会生活を営んでいくためには、基本的生活習慣の形成は非常に重要でありしつけの基本である。保育者は家庭と適切な連携を進め、子どもが自分でしようとする気持ちを尊重しつつ支援していくことが重要である。

第2節 基本的生活習慣の育成

1 食事

　生活習慣の中でも特に人間が社会人として生活を営むうえで不可欠かつ最も基本的な事柄に関する習慣を基本的生活習慣といい、食事、睡眠、排泄、着脱衣、清潔の5つの習慣を指している。このうち食事、睡眠、排泄は生理的基盤に立ち、着脱衣、清潔は社会的・文化的・精神的基盤に立つと考えられる［谷田貝・高橋、2016］。

　子どもが心身ともに健康に育ち自ら健康で安全な生活をつくり出すためには、食事、睡眠、排泄、着脱衣、清潔の5つを基盤にして保育をすることが大切である。

　以下、基本的生活習慣の育成について5つの習慣を基本にして述べる。

　子どもは1歳頃になると自分でご飯を指でつまんで食べようとする。3歳頃には箸が使用できるようになり、徐々にこぼさないように食べられるようになる。また、この時期に一人で最後まで食事ができるようになってくるので、大人と同じ食事へと徐々に食べる量や種類を増やしていき味覚を育てることも重要である。また、朝食は眠っていた体を目覚めさせ元気に活動する体に切り替えてくれる大切な役割を担っている。園において保護者に朝食の重要性を伝え、必ず朝食をとって登園するように啓発することが大事である。

　給食や弁当などの園での食事は栄養補給のみならず、友達や保育者との人間関係を豊かに築いていく行為の1つであるため、友達や保育者と触れ合い楽しい雰囲気の中で美味しく食事をするということが大事である。そのような中から、好き嫌いをせずに様々なものを友達と一緒に食べようという意欲が芽生えてくるのである。

2　睡眠

　生活リズムを整えることが子どもの良い睡眠のために効果的であると言われる。余裕をもって起床し朝陽を浴びることや朝食をとることは大変重要な生活のリズムである。また、園生活において元気いっぱい体を動かして遊ぶことで睡眠を深いものにし、睡眠の質を改善することにも繋がっている。1日の園生活の中に運動量の多い活動的な遊びの時間を定期的に取り入れるなどの工夫や、家庭と連携しながら決まった時間に寝起きするなど、質のよい睡眠を心掛けることが望まれる。

3　排泄

　おむつを履いて過ごす時期の乳幼児は、尿意・便意を感じた時そのままおむつの中に排泄をしてしまう。排泄習慣を確立するためには尿意・便意を感じた時に保育者に知らせる練習が必要である。また、保育者は様子をみながら適宜排泄を促すような声掛けや支援をすることが大切である。そういったことの繰り返しにより「おむつの卒業」に向かうことになる。おおむね2～3歳頃におむつが外れるようになってくるが、自立を早めようと無理をしておむつ外しを行うと、情緒不安定になる、排泄する行為に負の印象をもつなど、おむつ外しがより困難になる場合も考えられるので配慮が必要である。

　トイレトレーニングにおいては、トイレで適切に排泄できた時にすっきりした気分やお尻の周りがきれいになった心地よさ、一人でできた満足感を味わわせることが今後の意欲に繋がっていく。そのためには、保育者は「気持ちよくなったね」、「一人でできてえらいね」と言葉に出して言い子どもに意識付けていくことが大事である。保育者にほめてもらうことやすっきりして清潔になった気分を繰り返し味わうことで、排泄の自立へと繋がっていくのである。

4 着脱衣

2・3歳の子どもにとって、衣服を自分で脱ぐことや袖や首を通すこと、ボタンやスナップをはめることは難しい行為である。しかし、自分でやってみたいという意欲があり衣服やボタンを引っ張る行動が見受けられたりするので、保育者はそのような気持ちを受け止め、衣服を着やすいように並べて置いたり手を貸したりしながら、子どもの動きに合わせてゆったりした気持ちで支援してあげることが大事である。また、保護者に着脱しやすいシンプルなデザインの衣服を選ぶように助言することも大切である。決してあせらずに努力と反復を行うことで、子どもが自分で必要に応じて着脱衣が行えるようになっていくのである。また、季節の寒暖や自分の体温に合わせて着脱衣が行えるような支援や手だても必要である。

5 清潔

保育室の清掃、衣服の清潔、鼻汁の処理、うがい、手洗い、歯磨きなど子どもが体を清潔に保つための習慣を身に付けることは、健康維持のために非常に大切なことである。そのためには、保育者が率先してそれらの行為を行い、その姿を子ども達に見せていくことや、子どもが身の回りや体を清潔にすることの心地よさを繰り返し味わう環境を作ることで習慣化していくことに繋がっていくのである。

身の回りや自分の体を清潔に保つことは、風邪やインフルエンザ、胃腸炎などの流行性疾患から身を守り健康で快適な生活を送ることにも繋がる。

第3節 基本的生活習慣の指導

1 習慣化させたい指導事項

①登園時、降園時などに明るく気持ちのよい挨拶をする。
②持ち物の始末を自分でできるようにする。
　・カバン、水筒、タオル、連絡帳などを所定の場所に収納する。
　・出席ノートにシールを貼り、カバンに入れて所定の場所に片付ける。
　・上着、靴下を脱ぐなど、必要に応じて着脱衣を行う。
③園生活をスムーズに過ごすために必要な習慣を身に付ける。
　・排泄、手洗い、鼻汁のかみ方、うがいの仕方などを知る。
　・顔、頭髪、手、爪などを清潔にし、不潔なものを口に入れない。
　・汗が出たら拭き必要に応じて水分を補給する。
　・姿勢を正しく保つ。
④食事のマナーを身に付けふさわしい態度で食事をする。
　・食前の鼻かみ、排泄、手洗い、うがいをする。
　・「いただきます」、「ごちそうさま」の挨拶をする。
　・正しく箸を使いこなし、よく嚙んで何でも食べるようにする。
　・大声でしゃべり唾や食べ物をまわりに飛ばさないようにする。
　・決められた時間内に食べ切るようにする。
　・食後は必ず歯磨きをし、しばらく静かに休むようにする。
⑤目を大切にする。
　・暗い場所で絵本をみたり絵をかいたりしないようにする。また、適切な距離感を保ち、絵本やビデオをみる。
⑥生活するための基本的な交通ルールを学び守る。
⑦地震、火事、不審者から身を守るために避難訓練を行う。

2　指導上の留意点

①保育者自身が明るく気持ちのよい挨拶に心掛け、元気に挨拶をしている子どもを認めることで、できていない子どもへの励みとする。
②所持品の始末の自立を促すために、できない子どもには繰り返し声を掛け、時には手伝ったりしながら習慣化に向けて支援していく。
③遊んだ後や排泄後の手洗いは、石鹸で指の１本１本、指の間、手首もしっかり洗っているか留意し指導するようにする。また、うがいはクチュクチュとガラガラの違いについて知らせ、口内や喉が確実に清潔になるように指導していく。さらに衛生用品などは常に清潔を保ち、交換時期も見過ごすことのないように留意する。
④遊んだ後の片付けが最後までできている子どもをみんなの前でほめることで、できていない子どもの意欲を引き出し頑張れるようにしていく。
⑤子どもの体調観察は常に留意し変化を見逃さないようにする。また、水分補給や室温調節を適切に行うように十分留意する。
⑥健康的で正しい姿勢を維持するために保育者が意識的に声を掛けて動作を促す。家庭においても正しい姿勢が保てるようにしていく。
⑦食事のマナーが身に付いていくように一人ひとりに丁寧に関わる。偏食指導については、無理強いせず保護者と協力しながら進める。
⑧目を大切に清潔にするために、ほこりやごみが入った時はこすらずにきれいな水で洗うように促すことや保育室内の明暗にも十分留意することが大事である。また、結膜炎などの眼疾がある場合は早く治療するように家庭と連絡をとる必要がある。
⑨定期的に交通安全教室を開催し命を守るためのスローガンである「いかのおすし」を知らせ確実に身に付くようにする。
⑩火災・地震などから身を守るための避難訓練を繰り返し行い、約束事「おはしも」を知らせ確実に実行できるようにする。集団行動においては、指示に従い黙って機敏に整然とした行動がとれるようにしていく。

3　保育の環境構成

①遊びの材料、用具は視覚的に分かりやすく子どもの手の届く所に配置する。一方、怪我や事故が予想される危険な用具については保育者と一緒に出し入れする。

②運動場には危険物がないか常に点検し砂場は消毒をして清潔に保つようにする。遊具の経年変化にも留意し事故のないように整備する。

③「防災頭巾」や「さすまた」、「消火器」などの防災具、必要な物資などを備え、設置場所も避難経路をふさがないように置く。日頃からそれらの用具の扱いに慣れておき不審者の侵入を防ぐ対策や園環境を常に整えておくようにする。

④保育者自身がふさわしい人的環境となり、日頃から手本を示すことが大事である。子どもはそれぞれに個人差があり、基本的生活習慣が確立する時期も仕方も様々である。一人ひとりの子どもの状態に応じ、他児と比べることなく保育者自身がゆったりとした気持ちで指導、支援していくことが重要である。個々の家庭での一人ひとりの子どもの生活経験に配慮し、必要に応じて家庭との丁寧な連携の上に立った指導、支援に留意することが望まれる。

　基本的生活習慣の育成は社会への適応性の育成であり、子どもの人生に大きな影響を与えると考えられる。それゆえ、保育をする上で極めて重視して指導していく必要がある。

【引用・参考文献】
　河邉貴子・柴﨑正行・杉原隆編『最新保育講座7 保育内容「健康」』ミネルヴァ書房、2016年
　ベネッセ次世代育成研究所「第5回幼児の生活アンケートレポート」2016年
　谷田貝公昭・高橋弥生著『データでみる幼児の基本的生活習慣―基本的生活習慣の発達基準に関する研究―〔第3版〕』一藝社、2016年

（畑中ルミ）

第11章 食育活動による健康指導

第1節 食育に関わる法規

　食べること、すなわち「食」という営みは生きるために必要不可欠な行為である。しかし、それは食欲を満たすだけの行為ではなく、「医食同源」にもあるように、病気を治療するのも日常の食事をするのも、ともに生命を養い健康を保つために欠くことができない行為として位置づけられる。したがって、乳幼児期から食習慣を身に付け、「食を営む力」の基礎を培うことが必要不可欠となる。食育は、生命の保持、健康増進、健全な身体の育成など生きていくための重要な要素を担っている。また単に食べることに特化した教育ではなく、食に対する心構え、栄養、生産活動、食材調理法、マナー、道具の使用法など食文化への理解も含めた総合的な教育である。よって、子どもだけが学ぶものではなく、保護者にも働きかけ、一体となって活動を充実させていくことが重要である。本章では、食育活動に関わる法律、食に関わる現代の問題、食育活動の実際など、様々な観点から食育について概説する。

　2005（平成17）年、「食育基本法」が制定され、前文において食育を以下のように示した。

> 「子どもたちが豊かな人間性をはぐくみ、生きる力を身に付けていくためには、何よりも「食」が重要である。今、改めて、食育を、生きる上での基本であって、知育、徳育及び体育の基礎となるべきものと位置付けるとともに、様々な経験を通じて「食」に関する知識と「食」を選択す

> る力を習得し、健全な食生活を実践することができる人間を育てる食育を推進することが求められている。
> もとより、食育はあらゆる世代の国民に必要なものであるが、子どもたちに対する食育は、心身の成長及び人格の形成に大きな影響を及ぼし、生涯にわたって健全な心と身体を培い豊かな人間性をはぐくんでいく基礎となるものである。

　食育基本法前文をふまえると、子ども健全育成を目指すうえで食育は必要不可欠であり、知育、徳育、体育の基礎をなすものである。そして、食に関する知識やそれを選択する力を習得し実践することができる人間を育て、心身の健康を増進する健全な食生活を実践することが目標となる。また、2006（平成18）年には、「食育基本法」の理念に基づき、「食育推進基本計画」を策定し主要な7項目を挙げた。

図表11-1　食育の基本方針

①国民の心身の健康の増進と豊かな人間形成
②食に関する感謝の念と理解
③食育推進運動の展開
④子どもの食育における保護者、教育関係者等の役割
⑤食に関する体験活動と食育推進活動の実践
⑥伝統的な食文化、環境と調和した生産等への配意及び農山漁村の活性化と食料自給の向上への貢献
⑦食品の安全性の確保等における食育への役割

出典:内閣府「食育推進基本計画」2005年

　これらの目標達成のために、幼稚園、保育所は、幼稚園教育要領並びに保育所保育指針に基づき自園での食育活動が求められ、食育推進の拠点の一つとして期待されるのである

第2節　幼稚園教育要領、保育所保育指針における食育

1　幼稚園教育要領における食育

　2017（平成29）年、幼稚園教育要領（以後、教育要領）が改正された。教育要領では、主に健康領域の内容のなかで「(5)先生や友達と食べることを楽しみ、食べ物への興味や関心をもつ」と示された。また内容の取り扱いでは、「(4)健康な心と体を育てるためには食育を通じた望ましい食習慣の形成が大切であることを踏まえ、子どもの食生活の実情に配慮し、和やかな雰囲気の中で保育士等や他の子どもと食べる喜びや楽しさを味わったり、様々な食べ物への興味や関心をもったりするなどし、食の大切さに気付き、進んで食べようとする気持ちが育つようにすること」と規定した。

　健康領域では、健康で安全な生活を営むための資質や能力を育む観点から、食べ物への興味関心、食の大切さへの気付き、食に対する態度を身に付けることが重視された。そのためには、食べる喜び、楽しさ、食べ物への興味関心は不可欠であり、自発的に食への気持ちが育つようにすることが肝要である。

2　保育所保育指針における食育

　幼稚園教育要領と同様に2017（平成29）年に保育所保育指針（以下、保育指針）が改正された。保育指針では、「健康」領域において、「第3章 健康及び安全」の「2 食育の推進」として以下のように示した。

(1) 保育所の特性を生かした食育

　ア　保育所における食育は、健康な生活の基本としての「食を営む力」の育成に向け、その基礎を培うことを目標とすること。

　イ　子どもが生活と遊びの中で、意欲をもって食に関わる体験を積み

重ね、食べることを楽しみ、食事を楽しみ合う子どもに成長していくことを期待するものであること。

ウ　乳幼児期にふさわしい食生活が展開され、適切な援助が行われるよう、食事の提供を含む食育計画を全体的な計画に基づいて作成し、その評価及び改善に努めること。栄養士が配置されている場合は、専門性を生かした対応を図ること。

(2) 食育の環境の整備等

ア　子どもが自らの感覚や体験を通して、自然の恵みとしての食材や食の循環・環境への意識、調理する人への感謝の気持ちが育つように、子どもと調理員等との関わりや、調理室など食に関わる保育環境に配慮すること。

イ　保護者や地域の多様な関係者との連携及び協働の下で、食に関する取組が進められること。また、市町村の支援の下に、地域の関係機関等との日常的な連携を図り、必要な協力が得られるよう努めること。

ウ　体調不良、食物アレルギー、障害のある子どもなど、一人一人の子どもの心身の状態等に応じ、嘱託医、かかりつけ医等の指示や協力の下に適切に対応すること。栄養士が配置されている場合は、専門性を生かした対応を図ること。

保育所では、保育内容の一環として食育を位置づけ、保育士、調理員、栄養士、看護師などが協力し、食を営む力の育成を目標として各園での食育の推進が強調された。したがって、各園で創意工夫を行い、食育計画を作成し指導計画と関連付けながら、生活の中で食育が展開されることが重要である。また、食事内容も含め、食育の取り組みを保護者や地域に向けて発信し、地域や家庭を含めた食育活動も求められる。

第3節 子どもの食に関わる課題

1 こ食

　食生活において「こ食」が問題視されている。「こ食」とは主に8つのパターンに分類される。

図表11-2　8つのこ食

孤食	家族バラバラで、一人だけの食事 食事中の会話、食事のマナーもなく社会性の発達の困難
固食	好きなものだけを食べる 栄養バランスの偏り、わがまま、自己中心的な性格の助長
個食	家族で献立が違い、バラバラなものを食べる 食事の感想を話す機会の欠如、連帯感、協調性の発達の困難
小食	食欲減退、ダイエットなど少ししか食べない 栄養バランスの乱れ、心身発達への障害
粉食	粉もの（パン、麺類など）中心の食生活 やわらかいため、固いものを咀嚼する力の低下、食べ過ぎ
濃食	濃い味付けのものばかり食べる 素材の風味を感じず、味覚が育ちにくい
子食	子どもだけで食べる 好き嫌いを助長し偏食になりやすい。また親子のコミュニケーション不足になりやすい
戸食	外食ばかりの食事 味付けの濃い食事、過剰な脂質など栄養バランスが崩れやすい。また家族への感謝の心など育ちにくい。

出典：筆者作成

　図表11-2の「こ食」問題は一つひとつ別個の問題として取り上げるのではなく、その根幹には家族の団らんが挙げられる。つまり、「こ食」を克服するには、家族で食卓を囲み、コミュニケーションをとることが重要である。その日の出来事を語らいながら食事を共にすることで、家族の絆を育て、心の育成を助長するものである。ただ栄養を摂取するためだけの食事ではなく、心の栄養も見通した一家団らんを忘れてはならない。

2　偏食

　幼児期になると心身の発達に伴い、食べ物に対する好き嫌いの傾向が明確になるため、偏食に陥らないように注意する必要がある。偏食児の主な傾向として、**図表11-3**のように見られる。また偏食の要因として、貧弱な食事体験しかしておらず、様々な食物、食品に親しむ機会が少ないこと、神経質で新しい食品に対応できないこと、味覚が合わず不快な思いをしたこと、親が偏食で偏った献立内容で生活したこと、溺愛型の子育てで養育されたことなどが挙げられる。

図表11-3　偏食児の主な傾向

①消極的で社交性に欠け、少人数で静かに遊ぶ
②内気な性格で、感情が不安定、神経質
③体位・体力が劣り、風邪、感染症など病気にかかりやすい
④虫歯が多い
⑤顔色が悪い
⑥運動が苦手
⑦物事にあきっぽい

出典：［藤沢良知、2005］

3　朝食欠食

　子どもたちが健やかに成長していくためには、適切な運動、調和のとれた食事、十分な休養・睡眠、つまり「早寝早起き朝ごはん」の習慣が必要不可欠である。乳幼児期において、自分自身で朝食の用意をするということは困難であり、家庭での食習慣の影響を受けやすいため、保護者への食育活動が重要である。

第4節 園での食育実践

1 食育を通した「生きる力」

　生活水準の向上、外食産業の発展、食の多様化など様々な進展を迎える一方で、健全な食生活や食文化が失われつつある。それらの課題に対応すべく、幼稚園や保育所で取り組まれている食育の実践例について概説する。

　食材を育てる、収穫する、調理するといった一連の流れによって食が達成される。そこで、農作物の栽培や収穫など食農教育の取り組みが多くの幼稚園、保育所で実践されている。園庭、プランター、箱庭、畑できゅうり、ミニトマト、さつまいもなど野菜の種や苗を植えて、水やり、雑草取りなど世話をし、自分の手で収穫し、調理して食べる。こうした「育てる・世話をする」活動によって食べ物、食事への興味関心が生まれ、食を営む力が形成される。また「苦手な野菜が食べられた」という実践例が数多く報告されている。自分たちで育て、調理して食べたという充実感や達成感は、市販されている野菜では味わえない体験である。また、食べ物の世話や収穫、調理は一人で行うことではなく、子ども同士、保育者と子どもの共同作業であるため、良好な人間関係の形成の一助ともなる。食育の保育実践は、まさに「生きる力」を身に付ける絶好の機会といっても過言ではない。

2 食育を通した文化

　我が国では四季折々の行事があり、それと呼応した季節ごとの行事食、伝統食がある。例えば節分に食べる恵方巻、秋の収穫祭で食べる焼き芋など、実際に伝統食や行事食を食べることによって季節感を味わい、行事に慣れ親しみ、文化を知ることが出来る。このため、季節の行事に

「食べる経験」を計画し、実践することが求められる。実践においては、絵本、紙芝居などを使用した雰囲気作りから、調理保育を導入するなど、子どもたちが各行事を楽しみ、また次年度楽しみになるような配慮が重要である。さらに、正月の餅つきなど家庭では行わなくなった伝統行事を園で行うことで、伝統文化の習熟にも寄与するのである。

3　食育を通した子育て支援

　園は、子どもを教育、保育することだけでなく、保護者や地域の子育て家庭への支援を行っている。そのなかで食育を通した支援として、食事や食に関する取り組みを行うことが重要である。連絡帳やおたよりなどで発信することもさることながら、お弁当の作り方や行事食、伝統食の調理講習会など様々に試みられている。例えば、保護者参加の調理講習会では親同士がコミュニケーションを取りながら調理実習し親交を深めることができたり、また離乳食づくりや食育に関する講座では栄養士から専門的な知識を得ることができる。また食生活に関する相談、食物アレルギーや偏食に対しての支援など多角的に行うことで、子育ての不安を軽減し、家庭や地域の養育力の向上としても重要である。

【引用・参考文献】
　井筒紫乃監修・編著『幼稚園教諭・保育士をめざす保育内容「健康」』圭文社、2010年
　上田玲子編著『子どもの食生活と保育』樹村房、2003年
　高内正子編『子どものこころとからだを育てる保育内容「健康」』保育出版社、2008年
　藤沢良知『食育の時代』第一出版、2005年
　谷田貝公昭監修・谷田貝公昭、髙橋弥生編著『実践保育内容シリーズ　健康』一藝社、2014年

（今井康晴）

第12章 子どもの病気とアレルギー対応

第1節 病気とその対応

1 体調不良とその対応

(1) 発熱

　子どもの発熱のほとんどが感染症によるものである。体内に侵入した病原体の活動を抑えるため、体温調節中枢が体温を上げるよう指令を出すことで発熱する。病原体と戦うための防御反応として発熱しているので、苦しい様子が無く、高熱でなければ解熱剤はむやみに使わず対応するのがよい。なお、子どもの体温は一般に大人よりも高く、37.5℃までを平熱として扱う。子どもに発熱があったときには、他の症状（咳、嘔吐、下痢、発疹、のどやおなかの痛みなど）がないかを確認し、その症状に合わせた対応をすることが大切である。高熱の場合は、脱水症状をおこしやすいので特に水分補給に気をつけ、こまめに水分を与えるようにするのがよい。3か月未満の乳児に38℃以上の発熱の症状が見られたときには特に注意して早急に医療機関を受診するよう保護者に伝える。

　なお、子どもは体温調節が未熟なため、気温や湿度、厚着などの環境の影響を受けやすいという特徴がある。よって、熱以外の症状が特にない場合は体調不良ではないことも考えられるため、服を薄着にしたり、風通しの良いところで過ごさせるなど涼しい環境を整え、水分補給するなどし、しばらくしてから再度検温してみるとよい。

　もし、熱性けいれんの既往がある子どもがいる場合には事前に保護者

と対応を確認する必要がある。薬を預かっている場合は発熱時、早めに投与するようにする。

(2) 下痢

園で下痢の症状が見られた場合は、回数、色、固さ、臭い、量などを観察し記録しておくことが大切である。下痢により、おしりが汚れている場合はぬるま湯などで洗い流すなどして清潔を保ち、皮膚がただれたりしないよう心掛ける。下痢の頻度が多かったり、水様便が出る、あるいは他の症状を伴い感染症（ノロウイルス胃腸炎、ロタウイルス胃腸炎など）が疑われる場合は別室にて保育を行い、保護者に連絡して医療機関を早めに受診してもらうようにする。なお、受診の際に便の付いたままのおむつを持って行くと実際の便から診断することができてよい。

子どもの下痢で最も多いのは細菌やウイルスの腸管感染によるものであるため、感染予防のため、汚物の処理時はマスクや専用のエプロン、使い捨て手袋を使用し、汚れたおむつや下着は１回ずつビニール袋に入れて密閉するようにする。処理が終わった後はしっかり手を洗うことを心掛ける。

(3) 嘔吐

子どもの嘔吐は感染症によっておこる場合もあるが、咳込んだ時に嘔吐をしたり、乳児が飲み過ぎや哺乳時に空気をたくさん飲み込んでしまうことでおこる溢乳によって、口からミルクや母乳を出す場合もある。よって、機嫌が悪くなく他の症状が無ければ心配ない。ただし、気持ち悪がったり、元気がなく、顔色が悪いなどの場合は注意が必要である。園で嘔吐があった場合には、吐物の様子、吐き方などを観察し記録しておくようにする。発熱、下痢、発疹が見られたり、感染症が疑われる場合は別室で保育し、保護者へ連絡して医療機関を受診してもらうようにする。

吐物による窒息を防ぐため、嘔吐がある子どもは身体を横向きにして寝かせる。そして、口をゆすぐことができる場合はゆすぎ、吐物の臭い

で気分が悪くならないよう換気を行うようにする。なお、水分補給については、吐き気のあるうちはできないため、1時間ほどして吐かないようなら少しずつ数回に分けて水分を与えるようにするとよい。

なお、溢乳の防止策としては、授乳後排気（げっぷ）を十分にさせ、タオルなどで適度に上半身を高くし、やや横向きに寝かせるとよい。

(4) 咳

咳がみられたときは、痰を伴うものなのかどうか、頻度はどうかなどを観察し、発熱を伴う場合や感染症の疑いがある時は別室で対応し、保護者へ連絡して医療機関を受診してもらう。咳をしている時は上体を起こすと楽になるので、上半身を高くして寝かせるか、乳児の場合はたて抱きにし、幼児の場合は前かがみの姿勢で座って呼吸をさせ、背中をさすったり、軽くたたいたりする（タッピング）と良い。

(5) 発疹

発疹には、アレルギーによる急性の発疹や、感染症によるもの、また、下着の摩擦や発汗によるものなど様々あるため、子どものアレルギーや既往歴を確認しておくことが重要である。

発熱を伴ったり、発疹の原因がよくわからない場合には感染症予防のため別室にて保育し、保護者に連絡して医療機関を受診してもらうようにする。また、アレルギーが原因の可能性がある場合には、対応を予め保護者と確認しておくことが大切である。

2　感染症とその対応

(1) **感染症とは**

ウイルス、細菌、真菌などの微生物（病原体）が体内に侵入し、臓器や組織の中で増殖することを「感染」といい、その結果、生じる疾病を「感染症」という。感染症の発生には、その原因となる病原体、病原体が体内に侵入するまでの感染経路、そして感染した人の感受性が影響し、この3つを感染症成立のための三大要因という。

(2) **主な感染経路と感染予防**

　主な感染経路は次の4つで、①飛沫(ひまつ)感染（人の咳やくしゃみから感染。飛沫は1m前後で落下）、②空気感染（咳やくしゃみをしたときに口から飛び散る飛沫には病原体が含まれており、その病原体が乾燥して飛沫核となり、空気に拡散。遠くにいる人でもそれを吸い込み感染）、③接触感染（直接＝握手、だっこ、キスなど。：間接＝ドアノブ、手すり、遊具など）、④経口感染（食べものや口に入ったものから感染）である。予防策のうち、感染源をなくしたり感染経路を遮断するものとしては、①マスクを着用する、②手洗いをしっかりする、③汚染されやすいドアノブや手すりなどは水拭き後、アルコール類などで消毒する、④食品の衛生管理をしっかり行う、などがある。なお、便中に病原体が排泄されることがあるので、便の処理後の手洗いは特に十分にするよう心掛けるべきである。

　これら予防策のうち、園児自らができる対応としては、マスクの着用と手洗いを常にしっかり行うことが挙げられる。なぜ、それらをすることが必要なのか、理由も教えながら習慣化することが大切である。また、感受性対策としての予防法は①予防接種を受ける（ワクチンを接種することでその病原体に対する免疫を獲得）、②栄養バランスのとれた食事をとる、③生活習慣を規則正しくする、④適度に運動する、などがある。

　このうち、予防接種は保護者が計画を立てて行うことが必要で、その他のことについては保護者と園が協力しながら子どもが体の抵抗力を高め環境を整え、最終的には子どもが自ら行動できるようにしていくことが必要である。日々の生活の中でなぜそれらの行動が大切なのかを説明し、園児自ら楽しく実行できるよう保育者と保護者が工夫していくべき事柄と言える。

(3) **園や保育所において予防すべき感染症**

　学校保健安全法では、学校感染症を症状の重篤性などによって、第一種、第二種、第三種（その他感染症含む）に分類して規定している（**図表12-1**参照）。また、保育所に関しては、この学校保健安全法に準拠して

同様の措置がとられており、2012年の学校保健安全法施行規則の改正に伴い、「2012年改訂版　保育所における感染症ガイドライン」が作成さ

図表12-1　学校感染症

第一種感染症（出席停止期間は治癒するまで）
エボラ出血熱、クリミア・コンゴ出血熱、痘そう（天然痘）、南米出血熱、ペスト、マールブルグ病、ラッサ熱、急性灰白髄炎（ポリオ）、ジフテリア、重症急性呼吸器症候群（病原体がベータコロナウイルス属SARSコロナウイルスであるものに限る）、鳥インフルエンザ鳥インフルエンザ（病原体がA型インフルエンザウイルスで、その血清亜型がH5N1であるものに限る）、新型インフルエンザ等感染症

第二種感染症（出席停止期間は感染症ごとに異なる。主な感染症に関しては図表2-2参照）
インフルエンザ（鳥インフルエンザ（H5N1）を除く）、百日咳、麻しん（はしか）、流行性耳下腺炎（おたふくかぜ）、風しん（三日ばしか）、水痘（水ぼうそう）咽頭結膜炎（プール熱）、結核、髄膜炎菌性髄膜炎

第三種感染症（出席停止期間は症状により、学校医その他の医師において感染のおそれがないと認めるまで）
コレラ、細菌性赤痢、腸管出血性大腸菌感染症（O-157、O-26、O-111など）、腸チフス、パラチフス、流行性角結膜炎（はやり目）、急性出血性結膜炎（アポロ病）

その他の感染症（主なもの）（重大な流行が起こった場合にその感染拡大を防ぐため、学校医の意見を聞き校長が第三種の感染症として緊急的措置をとることができる。よって、必ず出席停止を行なうものではなく、出席停止の指示をするかどうかは発生・流行の状況を考慮して判断する）
感染性胃腸炎、サルモネラ感染症、カンピロバクター感染症、マイコプラズマ感染症、インフルエンザ菌感染症、肺炎球菌感染症、溶連菌感染症、伝染性紅斑（りんご病）、急性細気管支炎（RSウイルス感染症など）、手足口病、ヘルパンギーナ、伝染性膿痂疹（とびひ）、伝染性軟属腫（水いぼ）、アタマジラミ、など

出典：[文部科学省、2013] を基に筆者作成

図表12-2　主な感染症

感染症名	麻疹	風疹	水痘	流行性耳下腺炎	インフルエンザ
主な感染経路	空気感染、飛沫感染	飛沫感染、接触感染	空気感染、飛沫感染	飛沫感染、接触感染	飛沫感染、接触感染
症状	3～4日後、頬の内側にコプリック斑（小さな白いぶつぶつ）、いったん37度台に下がるが再び熱が出て、赤い発疹が出始める	麻疹に似た細かい発疹が全身に。発疹と同時に発疹→頸部リンパ節腫れる。	赤い発疹（全身に）→かゆみの強い水疱→黒いかさぶた（痂皮化）。	両側または片側の耳下腺（顎下腺、舌下腺）が腫れる。	悪寒や頭痛、高熱で発病。咳、鼻水などがみられることがある。脳症を併発するおそれあり。
潜伏期間	主に8～12日	主に16～18日	主に14～16日	主に16～18日	平均2日
特徴	非常に感染力強く、重症化。発熱後7～10日で解熱。合併症ひきおこすことも。	妊娠初期の感染→先天性風疹症候群発症の可能性。重症化せず、3～4日で熱も発疹もひく。	非常に感染力強い。妊娠初期の感染→先天性水痘症候群発症の可能性。	大人になっての感染→精巣炎、卵巣炎の可能性。38度前後の熱。	毎年流行。ウイルスが突然変異しやすく、一度罹ってできていた抗体でも変異したウイルスに対応できず。
出席停止期間	解熱後3日経過するまで。	発疹の消失するまで。	すべての発疹が痂皮化（黒いかさぶたになる）するまで。	耳下腺、顎下腺、舌下腺の膨脹が発現した後5日を経過し、かつ全身状態が良好になるまで。	発症後5日を経過し、かつ解熱後2日間（幼児にあっては3日）を経過するまで。
予防接種	定期接種。MRワクチン（風疹と混合）を1歳と小学校就学前に2回接種。	定期接種。MRワクチン（麻疹と混合）を1歳と小学校就学前に2回接種。	定期接種。水痘ワクチンを1歳から6ヶ月～12ヶ月経ってもう1回接種。	任意接種（費用自己負担）。	任意接種（費用自己負担）。毎年12歳以下の子どもは2回接種。

出典：[厚生労働省、2012] および「NPO法人VPDを知って子どもを守ろうの会、2017」を基に筆者作成

れている。感染症はそれぞれ感染経路、症状、潜伏期間（病原体が体内に侵入してから症状がでるまでの期間のこと）、登園（登所）停止期間が違うため、注意が必要である（主な感染症に関しては前頁**図表12-2**にまとめた）。

第2節　子どものアレルギーへの対応

1　アレルギーとは

アレルギーの症状としては、気管支喘息、アトピー性皮膚炎、アトピー性結膜炎、アレルギー性鼻炎などがあり、原因としては、ハウスダスト、ダニ、花粉、食物、動物などさまざまである。ここではアトピー性皮膚炎と食物アレルギーについて詳しく取り上げ、アナフィラキシーに関しても触れる。

2　アトピー性皮膚炎

アトピー性皮膚炎は、皮膚にかゆみのある湿疹が出たり治ったりを繰り返す疾患で、多くの場合遺伝的になりやすい素質（アトピー素因）を本人が持っている。なお、年齢が低いほど食物アレルギーとの合併率は高くなる。顔、首、肘の内側、膝の裏側などによく現れるが、ひどくなると全身に広がる。軽症では、皮膚が乾燥していてかゆがるだけの症状のこともあるが、掻き壊して悪化すると皮膚がむけてジュクジュクしたり、慢性化すると硬く厚い皮膚となり色素沈着を伴ったりすることもある。

　＜対処法＞対処としては、① 原因・悪化因子を取り除くこと（室内の清掃・換気・食物の除去・動物に近寄らない、紫外線への配慮など）、② スキンケア（皮膚の清潔と保湿、適切なシャワー・入浴など）、③ 薬物療法（患部への外用薬の塗布、かゆみに対する内服薬など）がある。

3 食物アレルギー

　食物アレルギーの症状は多岐にわたる。皮膚・粘膜、消化器、呼吸器、さらに全身性に認められることがあるが、最も多い症状は皮膚・粘膜症状である。場合によってはアナフィラキシー、さらにはアナフィラキシーショック（後述）へと進展することがあるため注意が必要である。

　＜対処法＞「原因となる食物を摂取しないこと」が治療の基本である。アレルギーを持つ子どもが他の子どもの食べ物を食べないよう配慮するのはもちろんのこと、小麦粘土遊びでの小麦の扱い、調理体験で使用する食材の内容、豆まきの時の大豆の扱いなど、食事をするとき以外の保育のプログラムの中でも気をつけなければならない場面が多々ある。

　万一症状が出現した場合には、速やかに適切な対処を行うことが重要である。じんましんなどの軽い症状に対しては抗ヒスタミン薬の内服や経過観察により回復することもあるが、ゼーゼー・呼吸困難・嘔吐・ショックなどの中等症から重症の症状には、アナフィラキシーに準じた対処が必要である（4　アナフィラキシーを参照）。

4 アナフィラキシー

　アレルギー反応により、じんましん、腹痛や嘔吐、ゼーゼーや息苦しさなど、複数同時にかつ急激に出現した状態をアナフィラキシーという。その中でも、血圧が低下し意識レベルの低下や脱力をきたすような場合を、特にアナフィラキシーショックと呼び、直ちに対応しないと生命にかかわる重篤な状態となる。乳幼児のアナフィラキシーの原因のほとんどは食物であるが、それ以外にも医薬品、食物依存性運動誘発アナフィラキシー、ラテックス（天然ゴム）、昆虫刺傷などがアナフィラキシーの原因となりうる。

　＜対処法＞具体的な対処は重症度によって異なるが、意識障害などがみられる子どもに対しては、まず適切な場所に足を頭より高く上げた

体位で寝かせ、嘔吐に備え、顔を横向きにする。そして、意識状態や呼吸、心拍の状態、皮膚色の状態を確認しながら必要に応じて一次救命措置を行い、医療機関への搬送を急ぐ。アドレナリン自己注射薬である「エピペン®0.15mg」（商品名）の処方を受けて園で預かっている場合には、適切なタイミングで注射することが効果的である。

5　園や保育所の対応

　アレルギー疾患と園児が診断され、園の生活において特別な配慮や管理が必要となった場合には、医師が作成した生活管理指導表を保護者より提出してもらい（1年ごとに見直して提出）、園でのアレルギーに関する対処法についてしっかり確認しておく。その際、施設長や嘱託医、看護師、栄養士、調理員等と保護者が協議して対応を決めるようにする。そして、園の職員として健康・安全に関する地域の委員会等に積極的に参加し、常にアレルギー情報に気をつけ、日々対応していく姿勢が大切である。

【引用・参考文献】

鈴木美枝子編著『これだけはおさえたい！保育者のための子どもの保健Ⅱ』創成社、2012年

文部科学省「学校において 予防すべき感染症の解説」2013年
　< http://www.mext.go.jp/a_menu/kenko/hoken/__icsFiles/afieldfile/2013/05/15/1334054_01.pdf >
　（2017.9.1最終アクセス）

厚生労働省「2012年改訂版 保育所における感染症対策ガイドライン」(a)
　<http://www.mhlw.go.jp/bunya/kodomo/pdf/hoiku02.pdf >（2017.9.1最終アクセス）

厚生労働省「保育所におけるアレルギー対応ガイドライン（2012年改訂版）」(b)
　< http://www.mhlw.go.jp/stf/seisakunitsuite/bunya/0000123473.html >（2017.9.1最終アクセス）

NPO法人VPDを知って子どもを守ろうの会「2017年度4月版　予防接種スケジュール」＜https://www.know-vpd.jp/dl/schedule_age7.pdf >（2017.9.1最終アクセス）

ファイザー「アナフィラキシー補助治療剤 - アドレナリン自己注射薬エピペン®エピペンを処方された患者様とご家族のためのページ」＜http://www.epipen.jp/about-epipen/photo.html＞（2017.9.1最終アクセス）

（塩野谷祐子）

第13章 特別に支援の必要な子どもの健康指導

第1節 「特別な支援が必要な子ども」とは

　幼児教育を行う施設では、特別な配慮を必要とする子どもが、他の子どもと同じ場で共に学ぶための適切な指導及び支援の充実に取り組むことが求められている。それでは、「特別な支援が必要な子ども」とは、どのような子どもを指すのだろうか。ただ単に障害や病気がある子どもと、なにが違うのだろうか。「特別な支援が必要な子ども」は、制度的には障害がある子どもの教育で使われてきた言葉である。そこで本節では、障害がある子どもの教育の歴史をたどることで「特別な支援が必要な子ども」という言葉の理解を深める。

1　障害がある子どもを分けて教育・保育した時代

　戦後の障害のある子どもへの教育は、特殊教育とよばれていた。特殊教育における教育の対象は、視覚障害、聴覚障害、肢体不自由といった身体障害と知的障害のある子どもだった。特殊教育では、障害がある子どもと障害がない子どもを分けて、別々の場所で教育を受けさせることが適切であると主張されていた。しかし、知的障害や身体障害の診断はないが個別的な支援を要する子どもへの対応が行き届かないことや、障害がある子どもの教育が障害のない子どもの教育とは異なる閉鎖的な世界になってしまうという課題が指摘されていた。保育においては、統合保育あるいはインテグレーションとよばれる、障害のある子どもを障害のない子どもと一緒に保育する試みがあった。しかし、あくまで先に

「障害児」と「健常児」を区別したうえで、少数派である障害児を多数派である健常児の保育の場に入れる考え方であり、次に述べる時代とは異なる発想に基づいていた。

2 一人ひとりのニーズに対応した教育・保育の時代

1970年代になると、我が国にもノーマライゼーションという考え方が紹介された。ノーマライゼーションとは「障害がある人の生活状態が障害のない人の生活状態と同じであることは、障害者の権利である」という考え方である。その結果、障害がある子どもと障害がない子どもの教育の場を分離する特殊教育は、ノーマライゼーションの考え方に矛盾するという意見が高まりをみせていった。

「特別な支援が必要な子ども」という言葉は、こうしたノーマライゼーションの進展、先に述べた分離して教育を行う特殊教育への批判、そして医学的な診断はないが困難さがある子どもの存在といった問題が議論されるなかで登場した言葉である。2007年に、特殊教育は特別支援教育に転換した。文部科学省 (2007) は「特別支援教育の推進について (局長通知)」において「障害のある幼児児童生徒の自立や社会参加に向けた主体的な取り組みを支援するという視点に立ち、幼児児童生徒一人ひとりの教育的ニーズを把握し、そのもてる力を高め、生活上や学習上の困難を改善又は克服するため、適切な指導及び支援を行うもの」と特別支援教育の理念を紹介した。また、対象を「これまでの特殊教育の対象の障害だけでなく、知的な遅れのない発達障害も含めて、特別な支援を必要とする幼児児童生徒が在籍するすべての学校において実施される」ことを示した。これらの記述から「特別な支援が必要な子ども」とは、知的障害や身体障害がある子どもだけではなく発達障害も含めた個別的な支援が必要な子どもであり、特別な支援を提供する目的は子どもの欠陥の克服ではなく自立や社会への完全参加であることが読み取れる。

3　包容する教育・保育の時代に向けて

　いま、我が国の教育・保育が目指しているのは、インクルーシブ教育である。インクルーシブ教育は、障害だけでなく、貧困、文化、宗教、などの差位がもたらす差別の軽減や解消をめざして、不利益な立場にある人々の自立及び完全参加を教育の改革で実現しようとする理念である。インクルーシブ教育の前提にあるのは、すべての子どもがユニークな特性や関心、能力および学習のニーズをもっており、そうした多様性が尊重されなければならないという考え方である［UNESCO, 1994］。障害の観点からみるのではなく、教育的ニーズの観点からみることにくわえて、すべての子どもが教育的ニーズをもっていると捉えているのがポイントである。どの子どもも教育的ニーズがあり、それに応じた適切な教育・保育を確保するという理念において「『特別な』支援が必要な子ども」という括りは相対的であり、いわゆる「特別な支援が必要な子ども」を他の子どもとの連続性のなかで捉えることが強調されている。

　まとめると「特別な支援が必要な子ども」とは、ただ単に医学的診断がある子どもではなく、教育的ニーズの観点から園生活の中で何らかの配慮が必要な子どもであるが、近年はより他の子どもとの連続性のなかで捉えられてきている、ということができるだろう。

第2節　特別な支援が必要な子どもの健康指導の原則

　前節で述べたように「特別な支援が必要な子ども」とは、現時点では園生活において何らかの教育的ニーズのある子どもを指している。本節では「特別な支援が必要な子ども」の健康指導について、共通する原則を3つ述べる。

1　他の子どもと「同じ」から出発すること

　子どもは、「特別な支援が必要な子ども」の前に、まず一人の子どもである。同じ場で学ぶだけでなく、同じ内容を共に学ぶことが追求されなければならない。したがって、特別な支援が必要な子どもの健康指導は、基本的には他の子どもと「同じ」から出発することが原則である。

　たしかに、他の子どもと「同じ」では適切な教育が確保できない状況において、個別的な支援を行うことが望ましいこともある。しかし、特別な支援のために、特別な内容や方法を重視するあまり、対応が「特別」なものになってしまうことは適切ではない。障害や病気などの「特別」を先行させることなく、どの子どもも一人の人間であるという根本的な視点に立ち返ることが大切である。

2　個を育てる視点と集団を育てる視点の両方をもつこと

　「特別な支援が必要な子ども」は、その教育的ニーズが個人の特性から生じるとする考え方（個体論）と、他者との関係性から生じるとする考え方（関係論）がある［鯨岡、2013］。

　「特別な支援が必要な子ども」は、その支援の必要性が個体論に基づいて、すなわち当該の子どもの特性から生じていると捉えられがちである。しかし、実際には他の子どもとのやりとり、保育の内容と方法、さらには施設にある文化といった、園生活を構成する様々な要素との関係性から、「特別な支援が必要な子ども」として浮かび上がる側面もある。他の子どもに多様性を尊重する心が育まれたり、すべての子どもが参加できる活動が設定されたりすることで、「特別な支援が必要な子ども」ではなくなることがある。

　保育者は、個々の特性に応じた配慮で「個」を育てる視点に加えて、「個」を取り囲む「集団」を育てる視点から、子どもを見つめる視座が求められる。

3 他職種及び外部機関と連携を図ること

「特別な支援が必要な子ども」は、担当や担任の保育者だけではなく、職員全体で共通理解を図りながら支援に取り組むことが基本である。担当保育士にくわえ看護師等や栄養士、嘱託医などが連携して、定期的かつ必要に応じて話し合う機会を持つことが望まれる。市町村や地域の療育施設、特別支援学校、子どもの主治医といった、様々な人や外部機関と連携を図ることも大切である。個別の指導計画や支援計画の作成は、他職種及び外部機関との共有の重要なツールになる。

また、保護者との連携も重要である。保護者は子どものことを最もよく知る存在であり、支援チームの一員として認識される必要がある。

第3節 特別な支援が必要な子どもの健康指導の実践

本節では「特別な支援が必要な子ども」への指導及び支援の事例を3つ紹介する。事例は、領域「健康」と関わりの深い運動遊びと基本的生活習慣でしばしばみられる場面をとりあげる。

支援の考え方1　目で見てわかりやすい環境をつくる

> 事例1：お部屋からホールに移動して座ることが分かってくれない。何回も同じことを伝えているのに。

保育の場において、「声かけ」は日常的に用いられる指示の手段である。しかし「声かけ」など音声言語は、保育者が発した次の瞬間に消えてしまうという短所がある。聞き逃しが多い子どもや、聞いたことを頭のなかで覚えておくことが苦手な子どもは、途中で指示されたことを忘れてしまう。こうした子どもには、目で見てわかりやすい環境をつくる配慮が有効といわれている。事例は、運動的な遊びをはじめるために、子どもが教室からホールに移動する場面である。「次にやること」を繰り返

し伝えても「いつもの場所」に座って待つことの理解に困難さがある子どもへの配慮について考えてみよう。

　写真1～3は、事例の幼稚園におけるホールの環境である。まず、写真1は支援を始める前の状態である。子どもは口頭でホールに移動し座るように指示されるが、目で見てわかる手がかりはない。それに対して、写真2では、子どもが座る場所に「先生の椅子」が設置されている。この幼稚園では、集まり場面において、保育者が椅子に座り、その周りを囲うようして子どもが座っていた。椅子が設置されたことで、ホールのどのあたりに座って待てばよいのか分かりやすい環境になった。次に、写真3では、子どもの椅子が配置されている。保育者が先回りして子どもの椅子を並べることで、子どもは自分の座る場所まで簡単に把握できる。

写真1：手がかり無し　　写真2：教員の椅子を配置　　写真3：子どもの椅子を配置

　実際の支援では、試行錯誤しながら、子どもにとって適切な環境を探していくことになる。その際は、環境づくりにかける時間や労力との兼ね合いが問題になってくる。例えば写真3は、たしかにわかりやすいが、保育者がいつも先回りして子どもの椅子を並べる負担が大きい。最初から完璧な環境を目指さないで、合わなければ別の環境に変えてみる、という柔軟な姿勢で臨むと継続的な支援につながりやすい。

　支援の考え方2　ポイントを見極めて援助する／援助を外す

> **事例2：なかなか一人で着替えができるようになりません。ほかの子どもはできるのに。**

　基本的な生活習慣の形成における援助の前提は、子どもが自分のことを「自分で」しようとする気持ちを大切にすることである。丁寧にやり方を伝えながら、子どもの様子を見守りつつ、さりげない援助を行うことが原則である。それでは、事例の場合、保育者はどのように見守り、どのような援助をおこなえばよいのだろうか。

私たちにとって着替えは、無意識にできてしまうほど単純な動作のよう思われる。しかし、じつは着衣動作は「服を持つ位置が分かる」「振りかぶるタイミングを合わせられる」「袖を通すときに片手で上着をつかめる」といった、いくつかの要素から構成されている。

写真4：子どもが「上衣の袖を通す」場面の援助

　そこで、保育者は目の前の子どもが、どこまで一人でできるのか、どこでつまずいているのか、そしてどのような援助があればできるのかを、子どもが着替えに取り組むようすを見守るなかで把握する。

　次に、実際の援助にあっては、最低限の援助で子どもを支えることが基本である。例えば写真4は、子どもが着衣動作において袖を通す場面である。反対側の手が遊んでおり、袖が上手に通らない子どもに対して、片手で上着を引っ張る動作の部分だけを、大人が代わりに担っている。

　子どもの気持ちを大切にしながら最低限の援助で支える長所は、子どもが自分できる部分に取り組む機会の増加にある。自分で取り組む機会が増えれば、子どもをほめるチャンスが生まれるし、子ども自身も「自分でできた！」という達成感を味わうことができる。

支援の考え方3　子どもに合うように活動を修正する

> 事例3：みんなと一緒にドッジボールをしてくれない。促すと「イヤ！」といって逃げてしまう。1人で数字カードを並べて遊んでいる。

　事例の子どもは、友達と同じ活動に参加したくない様子である。子どもの気持ちに寄り添うことが基本であるから、数字カードを取り上げたり、手を引いて無理やり参加させたりするのは適切な対応とはいえない。こうした事例の支援は、どのように考えたらよいのだろうか。

　「特別な支援が必要な子ども」への支援は、他の子どもと同じ場で共に学ぶためのものである。しかし、配慮だけでは集団への参加が困難な場合、当該の子どもの学びを確保する観点から、保育の内容や目標の修正を検討する。事例1のように、保育の内容には手を加えない場合をア

コモデーション、今回の事例のように保育内容や指導目標を修正したり変更したりする場合をモディフィケーションという。

　今回の事例では、例えば子どもの数字カードへの興味・関心を生かして、スコアボードめくりの担当を任せるなどがモディフィケーションである。スコアボードめくりが子どもの活動の内容になった場合、スコアボードに関心を持たせることからはじめて、徐々にドッジボールに合わせて数字をめくることが目標になる。ドッジボールそのものに参加させるための配慮ではなく、ドッジボールで使うスコアボードめくりが内容や目標になっていることがポイントである。ただし、モディフィケーションでは、目標や内容をどのように修正したのかを整理するとともに、他の子どもと同じ活動に参加する機会について考える必要がある。

　支援の考え方について、事例を交えながら紹介した。子どもは一人ひとり異なるので、絶対に有効な唯一の方法は存在しない。「どうやったらこの子がわかりやすいか」「どのように援助をしたらよいのか」「どうやったら楽しく園生活を送ることができるか」について同僚と相談しながら、同じ場で共に学ぶための試行錯誤を重ねていくことが大切である。

【引用・参考文献】

川原佐公著『発達がわかれば保育ができる！　0～5歳児の生活習慣から遊びまで（保カリBOOKS）』ひかりのくに、2015年

鯨岡 峻編集『障害児保育（最新保育講座）』ミネルヴァ書房、2013年

佐藤 暁著『実践満載 発達に課題のある子の保育の手だて』岩崎学術出版社、2010年

林万リ監修『やさしく学ぶからだの発達Part2. 運動発達と食べる・遊ぶ』全国障害者問題研究会出版部、2015年

文部科学省『特別支援教育の推進について(通知)』〈http://www.mext.go.jp/b_menu/hakusho/nc/07050101.htm〉(2017.9.14 最終アクセス)、2007年

UNESCO「The Salamanca statement and framework for action」〈Ministryof Education and Science, Spain. June 10. http://www.unesco.org/education/pdf/SALAMA_E.PDF〉(2017.9.14 最終アクセス)、1994年

（甲賀崇史）

第14章　事故防止と安全管理の実際

第1節　安全管理と安全教育の必要性

1　健康のねらい

「健康、安全な生活に必要な習慣や態度を身に付け見通しをもって行動する」は、幼稚園教育要領における「健康」のねらいでの一つである。

また、ねらいを達成するための内容として10項目があげられているが特に安全に関して重視して考えたい項目は「幼稚園における生活の仕方を知り自分たちで生活を整えながら見通しをもって行動する」「危険な場所、危険な遊び方、災害時などの行動の仕方がわかり、安全に気を付けて行動する」である。

子どもが安全に対する能力を高めるためには、怖い思いや、ヒヤリとした体験、転んでひざをすりむいた経験など小さな怪我を重ねることで危険な遊び方や場所を学習していくと考えられる。

ここでは、子どもが自分の健康や安全について自らが注意を払い見通しを持ちながら生活ができるようになるための援助について考えたい。

2　安全管理と安全保育

園生活において子どもを守るために「安全管理」と「安全保育」は別々のものとして行うのではなく、そのことが子どもの将来にわたって続くように願い考えるものである。

安全管理は、園庭や保育室において危険なものや、危険と考えられる

ものを未然に取り払うことであるが、子どもと一緒に「ここは危ないね、こんなものが落ちていると、怪我するね」と言いながら気を付けるところを示したり、危険なものを取り払うようにすることは「安全保育」になる。保育者の関わりは、子どもの発達を考えたとき、乳児期は保育者の安全管理が有意でありそのことにより事故を防ぐようにするべきである。しかし子どもの成長とともに行動範囲が広がり動きも多様になってくると安全管理だけでは事故を防ぐことが難しくなり安全教育が必要となってくる。

第2節　保育現場における事故の実際

　保育現場における事故が実際どのような場所で発生しているかその実態を統計から考えてみる。（ただし統計値は災害共済給付を行ったケースのみの数値である・日本スポーツ振興センター「学校管理下の災害」平成28年度版より）

1　保育現場における事故の実際

　幼稚園・保育所における負傷・疾病の場所別による事故では、**図表14－1**のように園の園舎内における事故が34,589件ともっとも多い。（場所について：保育室は約半数で、廊下、遊戯室、階段、体育館なども多い。保育所においては保育室が圧倒的に多い）次いで多いのは園舎外で20709件となっている。（場所について：運動場・園庭が多い）

　また男女別に見てみると男児約6割、女児約4割と男児が多い傾向にある。これは男児のほうが活発な遊びやチャレンジするような遊びを好むために盛んに動いていること、夢中になってしまう傾向にあることなどが考えられる。さらに女児は危険を認識したり調整力が早く向上するのではないかと思われる。

また発生場所については「生活の場」（園庭、保育室など）で多く発生しており、年齢が上がるにつれ保育室などから「遊びや活動の場」での負傷が多くなっている。

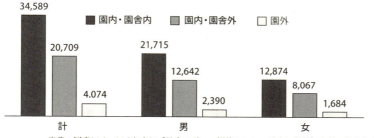

図表14-1　場所別にみた負傷の発生件数

出典：図表14-1、14-2ともに［日本スポーツ振興センター平成28年版］を基に筆者作成

2　子どもの事故の負傷部位

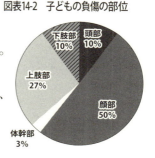

図表14-2　子どもの負傷の部位

　図表14-2は、部位別にみた負傷割合である。発生部位では、頭部・顔部が6割でもっとも多く、次いで上肢部が約3割となっており、下肢部、体幹部となっている。ただし年齢が上がるにつれ頭部・顔部の負傷は少なくなり上肢・下肢の負傷が増える傾向にある。

第3節　子どもの事故原因とその特徴

1　身体的特徴

(1)　重心の高さ

　子どもが転倒したり顔面を損傷したりしやすいのは、大人と比べて頭部が相対的に大きく、重心が高いためである。実際の事故の負傷部位においても頭部と顔部に怪我の6割が集中している。

(2) 運動機能・反射神経・受け身動作

まだ運動機能が未発達のため「バランスがとりにくい」「力の加減が難しい」「すぐに手が出ない」「瞬時にまぶたを閉じて目を保護できない」などがある。

(3) 視野

大人と比べると子どもの視野は半分ぐらいであると言われている。また視界についても大人と子どもでは高さの違いがあるためにその点でも見える範囲は狭くなる。

2　知的特徴

(1) 知識理解不足、思い込み

幼児は危険に対して、自然の働きを予測することなど総合的に判断する力が弱い。また家庭では保護者から守られており、自分の力と保護者の力を混同している場合もある。さらに空を飛べると思っていたり、力が強いと思い込んでいる場合もある。

(2) 知的好奇心

子どもの好奇心は旺盛でこれが原動力となってさまざまな活動を行うが、大人の思いもよらない行動をすることがあり事故につながる場合がある。しかしこのことにより、子どもは多くの経験をし人間社会や自然についてさまざまな理解をしていくことになるので、あまり抑えすぎずに子どもに安全な生活を導くことが求められる。

3　精神的特徴

(1) 興奮回路と抑制回路

子どもの大脳の抑制回路は興奮回路に比べるとその形成が不十分であると言われている。このため興奮を抑えることが難しく場所や場面に合わせて気持ちを抑制することが難しい。そのため興奮することがあると事故につながりやすい。

(2) 心配事や不安

忘れ物をしてしまってそれを取り返そうとすると、周りが見えなくなり負傷してしまう。お約束や決まり事などよりも心配なことや不安があるとそれを取り戻そうとして普段と違う行動や動きにより事故につながる。コップを忘れたのであわてて給食室に走っていき友達とぶつかる、といったことはよくあるケースである。

(3) 生理的欲求

食事前に喧嘩が多いこと、午睡前にぐずるなど生理的欲求が上手く処理できず怪我につながる場合もある。お腹がすいたり眠たくなる時間は、欲求不満状態であるため欲求を満たそうとしたり、保育者の気を引こうとしてさまざまな行動に出るためこのような場合も注意が必要である。

(4) 自己中心性

夢中になっている遊びなどに集中すると周りが見えなくなることがある。ボールをとりに行きたいがために道路に飛び出すというのはこの典型的な例である。自己中心的な行動は子どもの特徴でもあり何かに夢中になるとほかのことが考えられなくなるために起こる。保育者が子どもによく言って聞かせるということだけでは安全管理にならないことを覚えておかなければならない。

(5) 保育者・保護者の関与と子どもの性格

精神的特徴に関する事故では、子どもの持っている性格やこれまでの家庭環境なども関係すると思われる。また保護者や保育者の養育態度やかかわり方にも関係があると考えられる。

食事前や午睡前など保育者が片付けなどに手を取られ子どもへの配慮が低くなった場合も注意が必要になる。

さらに、安全教育として子どもに言葉で注意を促すと同時に、「保育者集団として全員で子ども全体を見守る」ことが大切である。

第4節 事故の防止と安全な生活のために

1 保育現場におけるリスクとハザードの考え方

(1) リスク

リスクとは、子どもが知っていて挑戦する、また冒険する「危険」である。鬼ごっこを平らな園庭でしていて、急な方向変換によって遠心力や地面との摩擦を考えた体のコントロールができずバランスを崩して転び膝をすりむいて痛い思いをする。このことにより子どもは、自分で転ばないようなスピードや方向転換の角度を調節することを学習していく。ここでの転倒は「リスク」と考えることができる。

(2) ハザード

ハザードとは、子どもたちが「知らない危険」「気づかない危険」のことで災害なども含まれる。子どもたちが「知っていて挑戦、冒険する」のこととの違いを考える必要がある。ブランコをこいでいて、ロープと座面のネジが外れ落下して怪我をすることは普通の子どもにとっては知らないまたは気づかない危険である。

ただし、安全教育は「ハザード」も含めた危険回避能力を養うことも必要であるため、そのバランスは非常に難しい。

(3) リスクとハザードのバランスと保育観

「リスク」と「ハザード」は保育者の経験や価値観、子どもの発達段階やその遊びの経験によっても変わってくる。その活動が、その子どもにとって「リスク」で冒険心をくすぐる遊びであるか、状

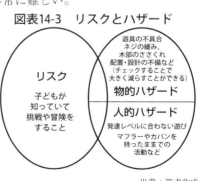

図表14-3 リスクとハザード

出典：筆者作成

況判断ができない「ハザード」になっているかを見極めることが大切である。さらに、「ハザード」は「物的ハザード」と「人的ハザード」に分けられる（**図表14-3**）。中でも物的ハザードは定期的な点検を行う必要がある。

また事故の多い時間帯、場所、年齢など過去の事例を基に現在の園でのハザードマップやヒヤリとした体験、ハットした体験などを報告しあい事故防止につなげる取り組みも大切である。

2　保育者の法的な注意義務について

保育者は子どもの安全を確保する法的な義務があることも忘れてはならない事柄である。保育施設内には障害物や危険物をそもそも子どもの周辺に置かない義務がある。安全確保義務・事故防止に関する安全配慮義務が要求されている。

また、子どもの年齢によっては、口頭だけで注意を与えただけでは到底子どもの安全を守る義務を果たしたと解することはできないとされる。子どもは大人（保育者）の常識では考えられないものを遊びとしてしまう危険性があることも忘れてはならない。

3　事故死の変遷と保育者の関わり

現代社会において、子どもの安全を守ることは大変難しい問題となってきた。一昔前は、交通事故による事故が多かったが、近頃は震災や豪雨災害など自然災害への対応は必須である。

さらに、不審者の対応も十分考えておかなければならない事柄であり、これは園から自宅までの通園路や周りの遊び場まで広がっている。そして、テロの脅威も忘れてはならない。テロを含めて想定した避難訓練を保育、教育の現場において続けて行うことで、冷静な避難行動をとることができるようになり被害を最小限におさえられると考えられる。

子どもの安全を考えるとき、我々も想像できないハザードがあるがその

ことばかり考えていては日々の保育や教育ができない。

　子どもが安全に暮らせる社会、テロのない社会、災害を最小限にとどめることができる社会をつくるためには、保育・教育の充実は大変重要である。ただし「できる時期を子どもに決めさせる」というおおらかでゆったりとした保育者の姿勢も重要である。安全教育の押しつけになってしまっては本当の意味でそのねらいが子どもの身につかない。

　安全教育についてそんなにゆっくりでよいのかというお叱りを受けそうであるが、何度も転んで痛い思いをして上手にこける方法を身に付けるのは子どもである。この身に付ける期間は子どもの成長に合わせてゆったりと待って寄り添い見守りたい。

　保育現場における安全を確保するためにはまず園における保育者や保護者、周辺住民が安全について日ごろから話し合いができる環境を整えることが重要でその姿もまた子どもにとっての安全教育であることを忘れてはならない。

　子どもは、信頼できる周囲の大人から見守られているという安心感から様々な体験をして心身の発達が促される。　自他ともに命が大切であるという気持ちを育むことができるような保育者になれるように心掛けたいものである。

【引用・参考文献】

河邉貴子編著『演習保育内容健康』建帛社、2008年

高内正子編『子どものこころとからだを育てる保育内容「健康」』保育出版、2008年

民 秋言・穐丸武臣編『保育内容 健康』北大路書房、2009年

独立行政法人日本スポーツ振興センター『学校の管理下の災害』〔平成28年版〕〈http://www.jpnsport.go.jp/anzen/anzen_school/tabid/1819/Default.aspx〉(2017.9.25最終アクセス)

内閣府「教育・保育施設等における事故報告集計」〈http://www8.cao.go.jp/shoushi/shinseido/outline/pdf/jiko_taisaku.pdf〉(2017.9.25最終アクセス)

松尾剛行「保育事故判例の教訓　10年後の「安心・安全な保育」のために」〈http://www.success-holdings.co.jp/wp/wp-content/uploads/2015/07/matsuo.pdf〉(2017.9.26.最終アクセス)

P.H.マッセン　J.J.コンガー　J.ケイガン　三宅和夫（訳）『発達心理学1』誠信書房、1968年

　　　　　　　　　　　　　　　　　　　　　　　　　　（大森宏一）

第15章 領域「健康」の計画と評価

第1節 健康な心と体を育むために

1 計画と評価

　2017年、大臣告示された3つの要領・改訂指針は、日本の幼児期の保育・教育の中で重要な改定が盛り込まれた。その中でも特に「保育の質」を高める点は保育者に課せられた大きな課題であるといえる。さらに日々の実践の中でも領域「健康」が重要視されていることは否めない。幼児たちの姿を一人ひとりの育ちと集団の育ちの両側から見取ることは、保育者のなす大きな役割であるといえる。幼児一人ひとりの発達に沿った育ちを保障することは、まず、幼児たちの興味・関心をスタートに、各年齢でふさわしい保育の計画を立案することにある。その計画にて指導を行う場合、幼児の発想や活動の展開を大切にしつつ、あらかじめ設定したねらいと内容を修正したり、環境の再構成をしたりする。このように計画の評価をすることは、個々の保育者の力量とその園の保育者集団の保育の質を高めるために有効となるのである。

2 健康な心と体を育む遊びとは

　領域「健康」は、健康な心と体を育て、自ら健康で安全な生活をつくり出す力を養うことを目的としている。幼児期の特徴である能動性を重視し、一人ひとりの幼児の興味・関心に沿った発達に必要な経験を展開する。その基盤となる基本的生活習慣の確立や幼児自身が病気の予防や、

安全に生活することが含まれるような経験はもちろん、自分の健康を増進する活動に意欲的に取り組めるように日々の生活を計画していくことが必要である。

第2節　領域「健康」における指導計画

1　指導計画の概要

　幼児たちは、園での生活の流れの中で、興味・関心、欲求に基づいて環境と関わり、具体的・直接的な経験を積み重ねていく。この経験の中で幼児のありのままの姿を出発点として、幼児期に育てる資質・能力が明確化されていくために計画は必須のものである。その指標と具体的な実践を示したものが、指導計画である。領域健康で育てる力をはぐくむために領域「健康」には3つのねらいが提示され、さらに10の内容が具体的に示されている（保育所における「養護」の側面は、領域「健康」に密接に関わると考える必要がある）。しかし、指導計画を立案する場合は、教育課程をもとに長期・短期計画といった具体的な実践計画を立案する。この領域「健康」のねらいを踏まえ、各年齢の育ちに沿った見通しをもった計画があることは、日々の実践の中で保育者自身の指導の拠り所ともなる。では計画立案のポイントを次にあげる3点とする。

　・幼児理解

　幼児が今、興味をもっていることは何か、何を実現しようとしているか、何を感じているか、どのような経験が必要かなどを捉える。

　・一人ひとりの特性に応じた内容

　同年齢であっても生活経験や興味・関心は一人ひとり異なっている。一人ひとりの幼児のその子らしさを大切にし、良さを発揮しつつ育つ過程を重視する。

・生活の連続性

　家庭での生活を基盤に園での生活を送る幼児たちであること、並びに小学校以降の学習の場で生きて働く力の基礎を培っていくことを踏まえる。

　指導計画は、1年間のスパンの中で次に示すような計画が考えられる。まず、各年齢に沿った自ら選んだ遊びの計画である。これは園に在籍する幼児たちそれぞれの年齢に応じた主体的な遊び、異年齢の関わりが生まれる遊び、季節の遊び、クラスでの活動を中心とした遊びなどが挙げられる。また、園全体として考案するものとして安全教育計画、保健指導計画、園外保育計画、食育指導計画、飼育栽培指導計画などもある。園内の保育者全員とその他の業務を担う職員も含め、共通理解をしなければならない。幼児たちの生活の有り様を重視しつつ、園全体の計画は立案・展開されなければならない。そのため、教育課程を踏まえ、長期・短期計画の中に5領域が総合的に指導されるよう留意することが必要である。

　通常は、1年間の教育課程（保育課程）をもとに長期・短期の指導計画が行われる。この指導計画を立案する際に、まず考えなくてはならないことは、目の前の幼児たちのありのままの姿を的確に捉えることである。このことを抜きに指導計画は成立しない。さらに、目の前のこの子が、5年後、10年後にどのように育っている姿を期待するか、この見通しをもつことで今の保育に必要な経験が浮き彫りとなる。

　それぞれの年齢でこの時期の発達に必要な経験を保障することが、何よりも大切である。基本的な指導計画立案の道筋について示したものが次頁の**図表15-1**である。

図表15-1　教育課程と指導計画

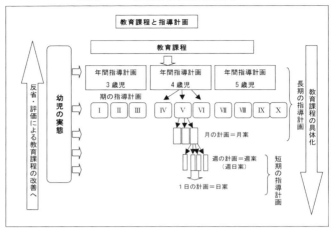

出典：埼玉県教育委員会「埼玉県幼稚園教育課程評価資料」2011年

2　指導計画の実際

(1)　長期の指導計画（年・期・月）

　長期の指導計画には、年間指導計画・期案・月案といった計画がある。これは、幼児の発達や生活の節目に考慮し、1年間を区分し、その時期の指導のねらいと幼児が経験する保育内容を計画するものである。

【0・1歳】

　この年齢は、個人の発育・発達差が大きいことより、個人の指導計画が立案されていることが多い。さらに発達過程と生活習慣の確立過程の両面から指導計画を構成している。また、保護者との連携も必須の年齢である。各過程における家庭からの情報、幼児の様子などについても個別に計画されることが多い。

【2〜5歳】

　年間指導計画は4、5、7、8区分と園の実態に沿って区分されることが望ましい。年間のねらいを土台に期の特性を踏まえ、養護と教育のバランスが含まれるようにねらい・内容を計画していく。

　期・月案は、年間指導計画を期・月ごとに具体化したものであり、幼

児の経験や活動を連続的・継続的に指導するために作成する。

(2) 短期の指導計画（週・日）

週・日案は、期・月案を週・日でさらに具体化し示したものである。作成にあたっては、5領域を踏まえ総合的に立案される。いずれも期・月案と密接な関係をもつことと前週・前日の反省・評価を踏まえて次週・次日に継続するように記載することがポイントであろう。

第3節 領域「健康」における評価

1 保育における評価

　保育における評価は、単に幼児たちの優劣をつけたり、幼児たちのランク付けをしたりすることではない。ここでの評価は、実践を通して一人ひとりの幼児の発達を理解することと保育者の指導の在り方を振り返ることの二面を合わせて行うものをいう。つまり、保育の中で幼児がどのように変容していったか、その姿が生み出されてきた状況（保育者の関わりと環境の構成）は、適切であったかを検討し、さらによりよい保育を作り出していく手掛かりや改善点を明確にしていくものが評価となる。すなわち、実際に幼児が生活する日々の姿から発達の状況、よさや可能性などを捉え、保育者側の次の視点について反省・評価を行う。

・保育者のかかわり方は適切であったか。

・環境の構成は、幼児にふさわしいものであったか。

・事前に保育者が設定した指導の具体的なねらいや内容は妥当なものであったか。

　しかし、この評価は特別な枠組みや時期があるものではない。毎日の生活を一日の保育後に振り返ることや他の保育者と共に今日の保育を話し合うことなど、ごく毎日行っていることが評価となるのである。

2　保育の記録

(1)　日々の記録とマネジメント

　日々の保育では、保育者は幼児の発育・発達面、活動に対して常に評価が求められる。領域「健康」ではねらいに示される「①明るくのびのびと行動し、充実感を味わう。」「②自分の体を十分に動かし、進んで運動しようとする。」「③健康、安全な生活に必要な習慣や態度を身につけ進んで運動しようとする。」ことを評価する。この評価を適切に行うには、日々の記録（メモ・写真・動画など）をもとに立案したねらい・内容を前述の点で振り返るのである。そして、評価を終えた後、次の計画はどのように立案するか、PDCAサイクルにて保育を展開することとなる。

(2)　日々の保育の評価視点

　保育者は日々、幼児との生活を送る中で個々の育ちを見取ることはもちろん、遊びの小集団、クラスの集団としての育ちを見取ることを求められる専門家である。そのため、育ちを丁寧にしっかりと捉える必要がある。この視点として次の点が挙げられる。

【個々の幼児】遊びの興味・関心、内面の変容、必要な経験

【集団の幼児】幼児同士の関係性、遊びの方向性

　これらを見取る窓口として保育者が記録を残していくことで一人ひとりの幼児の育ちは確実に評価できることにつながるであろう。

(3)　**保育者同士による評価**

　日々の記録をもとに評価を行う際、担任一人では幼児の育ちを把握できないこともある。そのため、園内の保育者で今日、どこで、誰と、何を、どのように楽しんでいたか、また葛藤していたか、トラブルがどのように生じたかなどの情報を共有することは、重要である。保育終了後の短時間での情報共有もあるが、抽出した幼児についてや園全体の保育の在り方についてのカンファレンスを行うことで、日々の記録をさらに

図表15-2　日々の記録例

記録例

	A児	B児	C児	D児
9月10日(月)	登園後、すぐに好きな遊びに取り組む様子がある。ままごとコーナーで野菜やいもを使っておべんとう作りをしているF児を誘っているが、F児は自分の興味のある遊びに変容しつつあるため、A児の誘いにのらないことがある。A児はそれでも一緒に遊ぼうと声をかけた。	うさぎのえさやりに年長児Hと一緒にくる。うさぎ当番をする様子をじっとみながら、時々、顔をあげさせじっとやっていた。	遊戯室の積み木遊びを年長児に加わっている。使いたい積み木があると、それを自分で取りに行くが、年長児に「返して」と言われる応じる。	素材の箱からカップを使ってバスや電車をつくろうとしている。自分のイメージがそれを自分で発見できるようにもっと一緒に作っていきたい。
9月11日(火)	教師とままごとでベンチハンバーグパンはさなやフライパンで焼いてくれた、混ぜたりして何個も作っている。	固定遊具のダイヤ跳びで足がふらつく転ぶ。消毒してしばらくじっと外を見ていたが、またダイヤ跳びに向かっていった。	朝から表情がかたい。特に登園時は、母親に登園時は確認しながら特に持参したのテラスから保育室の積み木コーナーで一人じっくり遊んでいる。教師も一緒に過ごした。	昨日の製作遊びに使おうとカップを自ら友達にも「おはっこしよう」と素材遊びをコーナー一緒に遊んでいるK児とL児にも渡しているD児の思うバスの製作を他の幼児にも広げていきたい。
9月12日(水)	(略)	(略)	(略)	(略)
9月13日(木)	(略)	(略)	(略)	(略)
9月14日(金)	給食時に同じテーブルのY児のことをそっと拾ってあげたりと、ありがとうと会話を交わしながら、2人の様子を認めつつ、教師もこの様子にクラスの他の幼児にも広がるチャンスになると思う。	登園後、遊びにいくことをしぶる。登園の時に母親から朝、早くしなさいとさっき言われたと、しばらく自分でもっていた帽子をもって外へ行っていた。教師も一緒にリレー遊びに加わり、B児の様子を観察しつつ、一生懸命走っているうちに気持ちの切り替えを自分で行い、遅くなったおわと笑顔でうなずいた。このことを保護者にも生活の中で伝えた。	不安定な様子がち続く。今まではブロックの取り合いになっても、自分の思いを自分の言葉で伝えようとしていたが、9月になり、黙ってブロックを取ったり、遊びに入ろうとしている子の思いが通らないことが多く、いつもゲームの製作コーナーで泣いていた。母親が仕事を始めたこととで祖母のお迎えになっている日もある。母親には本児の様子を伝え一つ他の教師からも様子を把握しつつ過ごすことが大切と本児と関わる時間をもつよう心掛けている。	朝の遊びはリレー遊びをK、L、B児と年長児に何度も走り、途中、バトンを投げ渡すなどでの情緒も、年長児がとっていてやっていたと伝えていた。その後、保育室に戻り、どんどりの製作コーナーになり、どんどりゲームの製作コーナーで、大きさと形でかに分かない様子で、大きさと形で分けていた。興味があるのくるように仕上げる種類を準備した。
1週間を通して	ままごと遊びに集中して取り組んでいる。自分の好きな遊びを見つけ落ち着いて通ごせるようにしていきたい。また、教師の動きが気になり、1週間は本児との関わりをもてるように意識していきたい。	母親との関わりで気持ちの浮き沈みがある。朝の好きな遊びを注意深く戸外に通じて見守りたい。戸外での天気の良い日にはリレーや鬼ごっこ、大型遊具など自分の身体を動かすことができる遊びを用意し、クラスの他の幼児と遊びを共有できるよう本児の動きを見守り作っていきたい。	家庭環境の変化が本児の心に不安要素を生み出している。また、園での遊びも自分の好きな遊びを見つけられるようにさりげなく遊びの中に入りさそりげなく遊びの中に入ることが多いが、好きな遊びで通したい、母親との連携も連絡帳を通じて密にとっていきたい。	製作活動にはじっくり取り組んでいる。自分のイメージを形にしてやりたいことがはっきりとある、戸外でも遊ぶことも参加してほしいと思いしたい。しかし、戸外遊びも参加したりと、クラス活動や運動会に向けて取り入れようと考え、こさえ入れるな形などを取り入れようと考えている。

出典：筆者作成

第15章●領域「健康」の計画と評価　　127

深く分析することに繋がる。分析の１例として次のような方法がある。ある遊びの場面（複数の幼児）での幼児の姿を付箋に書き出し、それを５領域と幼児期の終わりまでに育ってほしい10の姿のマトリクスに照らし合わせて、幼児の育ちを分析する。このことで就学前までに育っているプロセスを確認することができる。

3 評価を指導要録・保育要録へ

園における評価は１年間の幼児の育ちを進級時には次の学年へ、進学時には小学校へ送る「要録」に記載する。それぞれ、幼稚園幼児指導要録、保育所児童保育要録、認定こども園こども要録と呼ばれる。この要録は、年長児は小学校への原本の写し又は抄本を送付することとなる。要録に記載された内容とアプローチカリキュラム、スタートカリキュラムを基に、小学校での就学がスタートすることとなる。

【引用・参考文献】
勝木洋子編著『保育者をめざすあなたへ　子どもと健康』みらい、2014年
菊池秀範・石井美晴編者『新保育内容シリーズ〔新訂〕子どもと健康』萌文書林、2008年
文部科学省「幼稚園教育指導資料第3集 幼児理解と評価」2010年
文部科学省「幼稚園教育指導資料第5集 指導と評価に生かす記録」2013年
宮崎豊・田澤里喜編著『保育・幼児教育シリーズ 健康の指導法』玉川大学出版部、2014年
民秋言・穐丸武臣編著『保育内容健康〔新版〕』北大路書房、2014年
谷田貝公昭・高橋弥生編著『実践保育内容シリーズ１ 健康』一藝社、2014年

（平松美由紀）

付録（関連資料）

◎幼稚園教育要領 (平成29年 文部科学省 告示) —— 抜粋

第2章　ねらい及び内容
健　康
人間関係
環　境
言　葉
表　現

◎保育所保育指針 (平成29年 厚生労働省 告示) —— 抜粋

第2章　保育の内容
1　乳児保育に関わるねらい及び内容
　(1)　基本的事項
　(2)　ねらい及び内容
　(3)　保育の実施に関わる配慮事項

2　1歳以上3歳未満児の保育に関わるねらい及び内容
　(1)　基本的事項
　(2)　ねらい及び内容
　　ア　健康
　　イ　人間関係
　　ウ　環境
　　エ　言葉
　　オ　表現
　(3)　保育の実施に関わる配慮事項

〔注〕「保育所保育指針」第2章所収の＜3　3歳以上の保育に関わるねらい及び内容＞については、「幼稚園教育要領」第2章とほぼ同様の内容なので、掲載していない。上記「要領」第2章を参照されたい。

◎幼稚園教育要領 —— 抜粋
（平成29年　文部科学省 告示）

第2章　ねらい及び内容

健康
〔健康な心と体を育て、自ら健康で安全な生活をつくり出す力を養う。〕

1　ねらい
(1) 明るく伸び伸びと行動し、充実感を味わう。
(2) 自分の体を十分に動かし、進んで運動しようとする。
(3) 健康、安全な生活に必要な習慣や態度を身に付け、見通しをもって行動する。

2　内容
(1) 先生や友達と触れ合い、安定感をもって行動する。
(2) いろいろな遊びの中で十分に体を動かす。
(3) 進んで戸外で遊ぶ。
(4) 様々な活動に親しみ、楽しんで取り組む。
(5) 先生や友達と食べることを楽しみ、食べ物への興味や関心をもつ。
(6) 健康な生活のリズムを身に付ける。
(7) 身の回りを清潔にし、衣服の着脱、食事、排泄などの生活に必要な活動を自分でする。
(8) 幼稚園における生活の仕方を知り、自分たちで生活の場を整えながら見通しをもって行動する。
(9) 自分の健康に関心をもち、病気の予防などに必要な活動を進んで行う。
(10) 危険な場所、危険な遊び方、災害時などの行動の仕方が分かり、安全に気を付けて行動する。

3　内容の取扱い
上記の取扱いに当たっては、次の事項に留意する必要がある。
(1) 心と体の健康は、相互に密接な関連があるものであることを踏まえ、幼児が教師や他の幼児との温かい触れ合いの中で自己の存在感や充実感を味わうことなどを基盤として、しなやかな心と体の発達を促すこと。特に、十分に体を動かす気持ちよさを体験し、自ら体を動かそうとする意欲が育つようにすること。
(2) 様々な遊びの中で、幼児が興味や関心、能力に応じて全身を使って活動することにより、体を動かす楽しさを味わい、自分の体を大切にしようとする気持ちが育つようにすること。その際、多様な動きを経験する中で、体の動きを調整するようにすること。
(3) 自然の中で伸び伸びと体を動かして遊ぶことにより、体の諸機能の発達が促されることに留意し、幼児の興味や関心が戸外にも向くようにすること。その際、幼児の動線に配慮した園庭や遊具の配置などを工夫すること。
(4) 健康な心と体を育てるためには食育を通じた望ましい食習慣の形成が大切であることを踏まえ、幼児の食生活の実情に配慮し、和やかな雰囲気の中で教師や他の幼児と食べる喜びや楽しさを味わったり、様々な食べ物への興味や関心をもったりするなどし、食の大切さに気付き、進んで食べようとする気持ちが育つようにすること。
(5) 基本的な生活習慣の形成に当たっては、家庭での生活経験に配慮し、幼児の自立心を育て、幼児が他の幼児と関わりながら主体的な活動を展開する中で、生活に必要な習慣を身に付け、次第に見通しをもって行動できるようにすること。

(6) 安全に関する指導に当たっては、情緒の安定を図り、遊びを通して安全についての構えを身に付け、危険な場所や事物などが分かり、安全についての理解を深めるようにすること。また、交通安全の習慣を身に付けるようにするとともに、避難訓練などを通して、災害などの緊急時に適切な行動がとれるようにすること。

人間関係
〔他の人々と親しみ、支え合って生活するために、自立心を育て、人と関わる力を養う。〕

1 ねらい
(1) 幼稚園生活を楽しみ、自分の力で行動することの充実感を味わう。
(2) 身近な人と親しみ、関わりを深め、工夫したり、協力したりして一緒に活動する楽しさを味わい、愛情や信頼感をもつ。
(3) 社会生活における望ましい習慣や態度を身に付ける。

2 内容
(1) 先生や友達と共に過ごすことの喜びを味わう。
(2) 自分で考え、自分で行動する。
(3) 自分でできることは自分でする。
(4) いろいろな遊びを楽しみながら物事をやり遂げようとする気持ちをもつ。
(5) 友達と積極的に関わりながら喜びや悲しみを共感し合う。
(6) 自分の思ったことを相手に伝え、相手の思っていることに気付く。
(7) 友達のよさに気付き、一緒に活動する楽しさを味わう。
(8) 友達と楽しく活動する中で、共通の目的を見いだし、工夫したり、協力したりなどする。
(9) よいことや悪いことがあることに気付き、考えながら行動する。
(10) 友達との関わりを深め、思いやりをもつ。
(11) 友達と楽しく生活する中できまりの大切さに気付き、守ろうとする。
(12) 共同の遊具や用具を大切にし、皆で使う。
(13) 高齢者をはじめ地域の人々などの自分の生活に関係の深いいろいろな人に親しみをもつ。

3 内容の取扱い
上記の取扱いに当たっては、次の事項に留意する必要がある。
(1) 教師との信頼関係に支えられて自分自身の生活を確立していくことが人と関わる基盤となることを考慮し、幼児が自ら周囲に働き掛けることにより多様な感情を体験し、試行錯誤しながら諦めずにやり遂げることの達成感や、前向きな見通しをもって自分の力で行うことの充実感を味わうことができるよう、幼児の行動を見守りながら適切な援助を行うようにすること。
(2) 一人一人を生かした集団を形成しながら人と関わる力を育てていくようにすること。その際、集団の生活の中で、幼児が自己を発揮し、教師や他の幼児に認められる体験をし、自分のよさや特徴に気付き、自信をもって行動できるようにすること。
(3) 幼児が互いに関わりを深め、協同して遊ぶようになるため、自ら行動する力を育てるようにするとともに、他の幼児と試行錯誤しながら活動を展開する楽しさや共通の目的が実現する喜びを味わうことができるようにすること。
(4) 道徳性の芽生えを培うに当たっては、基本的な生活習慣の形成を図るとともに、幼児が他の幼児との関わりの中で他人の存在に気付き、相手を尊重する気持ちをもって行動できるようにし、また、自然

や身近な動植物に親しむことなどを通して豊かな心情が育つようにすること。特に、人に対する信頼感や思いやりの気持ちは、葛藤やつまずきをも体験し、それらを乗り越えることにより次第に芽生えてくることに配慮すること。
(5) 集団の生活を通して、幼児が人との関わりを深め、規範意識の芽生えが培われることを考慮し、幼児が教師との信頼関係に支えられて自己を発揮する中で、互いに思いを主張し、折り合いを付ける体験をし、きまりの必要性などに気付き、自分の気持ちを調整する力が育つようにすること。
(6) 高齢者をはじめ地域の人々などの自分の生活に関係の深いいろいろな人と触れ合い、自分の感情や意志を表現しながら共に楽しみ、共感し合う体験を通して、これらの人々などに親しみをもち、人と関わることの楽しさや人の役に立つ喜びを味わうことができるようにすること。また、生活を通して親や祖父母などの家族の愛情に気付き、家族を大切にしようとする気持ちが育つようにすること。

環境
〔周囲の様々な環境に好奇心や探究心をもって関わり、それらを生活に取り入れていこうとする力を養う。〕

1 ねらい
(1) 身近な環境に親しみ、自然と触れ合う中で様々な事象に興味や関心をもつ。
(2) 身近な環境に自分から関わり、発見を楽しんだり、考えたりし、それを生活に取り入れようとする。
(3) 身近な事象を見たり、考えたり、扱ったりする中で、物の性質や数量、文字などに対する感覚を豊かにする。

2 内容
(1) 自然に触れて生活し、その大きさ、美しさ、不思議さなどに気付く。
(2) 生活の中で、様々な物に触れ、その性質や仕組みに興味や関心をもつ。
(3) 季節により自然や人間の生活に変化のあることに気付く。
(4) 自然などの身近な事象に関心をもち、取り入れて遊ぶ。
(5) 身近な動植物に親しみをもって接し、生命の尊さに気付き、いたわったり、大切にしたりする。
(6) 日常生活の中で、我が国や地域社会における様々な文化や伝統に親しむ。
(7) 身近な物を大切にする。
(8) 身近な物や遊具に興味をもって関わり、自分なりに比べたり、関連付けたりしながら考えたり、試したりして工夫して遊ぶ。
(9) 日常生活の中で数量や図形などに関心をもつ。
(10) 日常生活の中で簡単な標識や文字などに関心をもつ。
(11) 生活に関係の深い情報や施設などに興味や関心をもつ。
(12) 幼稚園内外の行事において国旗に親しむ。

3 内容の取扱い
上記の取扱いに当たっては、次の事項に留意する必要がある。
(1) 幼児が、遊びの中で周囲の環境と関わり、次第に周囲の世界に好奇心を抱き、その意味や操作の仕方に関心をもち、物事の法則性に気付き、自分なりに考えることができるようになる過程を大切にすること。また、他の幼児の考えなどに触れて新しい考えを生み出す喜びや楽しさを味わい、自分の考えをよりよいものにしようとする気持ちが育つようにすること。

(2) 幼児期において自然のもつ意味は大きく、自然の大きさ、美しさ、不思議さなどに直接触れる体験を通して、幼児の心が安らぎ、豊かな感情、好奇心、思考力、表現力の基礎が培われることを踏まえ、幼児が自然との関わりを深めることができるよう工夫すること。
(3) 身近な事象や動植物に対する感動を伝え合い、共感し合うことなどを通して自分から関わろうとする意欲を育てるとともに、様々な関わり方を通してそれらに対する親しみや畏敬の念、生命を大切にする気持ち、公共心、探究心などが養われるようにすること。
(4) 文化や伝統に親しむ際には、正月や節句など我が国の伝統的な行事、国歌、唱歌、わらべうたや我が国の伝統的な遊びに親しんだり、異なる文化に触れる活動に親しんだりすることを通じて、社会とのつながりの意識や国際理解の意識の芽生えなどが養われるようにすること。
(5) 数量や文字などに関しては、日常生活の中で幼児自身の必要感に基づく体験を大切にし、数量や文字などに関する興味や関心、感覚が養われるようにすること。

言葉

〔経験したことや考えたことなどを自分なりの言葉で表現し、相手の話す言葉を聞こうとする意欲や態度を育て、言葉に対する感覚や言葉で表現する力を養う。〕

1 ねらい
(1) 自分の気持ちを言葉で表現する楽しさを味わう。
(2) 人の言葉や話などをよく聞き、自分の経験したことや考えたことを話し、伝え合う喜びを味わう。
(3) 日常生活に必要な言葉が分かるようになるとともに、絵本や物語などに親しみ、言葉に対する感覚を豊かにし、先生や友達と心を通わせる。

2 内容
(1) 先生や友達の言葉や話に興味や関心をもち、親しみをもって聞いたり、話したりする。
(2) したり、見たり、聞いたり、感じたり、考えたりなどしたことを自分なりに言葉で表現する。
(3) したいこと、してほしいことを言葉で表現したり、分からないことを尋ねたりする。
(4) 人の話を注意して聞き、相手に分かるように話す。
(5) 生活の中で必要な言葉が分かり、使う。
(6) 親しみをもって日常の挨拶をする。
(7) 生活の中で言葉の楽しさや美しさに気付く。
(8) いろいろな体験を通じてイメージや言葉を豊かにする。
(9) 絵本や物語などに親しみ、興味をもって聞き、想像をする楽しさを味わう。
(10) 日常生活の中で、文字などで伝える楽しさを味わう。

3 内容の取扱い
上記の取扱いに当たっては、次の事項に留意する必要がある。
(1) 言葉は、身近な人に親しみをもって接し、自分の感情や意志などを伝え、それに相手が応答し、その言葉を聞くことを通して次第に獲得されていくものであることを考慮して、幼児が教師や他の幼児と関わることにより心を動かされるような体験をし、言葉を交わす喜びを味わえるようにすること。
(2) 幼児が自分の思いを言葉で伝えるとともに、教師や他の幼児などの話を興味をもって注意して聞くことを通して次第に話を理解するようになっていき、言葉に

よる伝え合いができるようにすること。
(3) 絵本や物語などで、その内容と自分の経験とを結び付けたり、想像を巡らせたりするなど、楽しみを十分に味わうことによって、次第に豊かなイメージをもち、言葉に対する感覚が養われるようにすること。
(4) 幼児が生活の中で、言葉の響きやリズム、新しい言葉や表現などに触れ、これらを使う楽しさを味わえるようにすること。その際、絵本や物語に親しんだり、言葉遊びなどをしたりすることを通して、言葉が豊かになるようにすること。
(5) 幼児が日常生活の中で、文字などを使いながら思ったことや考えたことを伝える喜びや楽しさを味わい、文字に対する興味や関心をもつようにすること。

表現

〔感じたことや考えたことを自分なりに表現することを通して、豊かな感性や表現する力を養い、創造性を豊かにする。〕

1 ねらい

(1) いろいろなものの美しさなどに対する豊かな感性をもつ。
(2) 感じたことや考えたことを自分なりに表現して楽しむ。
(3) 生活の中でイメージを豊かにし、様々な表現を楽しむ。

2 内容

(1) 生活の中で様々な音、形、色、手触り、動きなどに気付いたり、感じたりするなどして楽しむ。
(2) 生活の中で美しいものや心を動かす出来事に触れ、イメージを豊かにする。
(3) 様々な出来事の中で、感動したことを伝え合う楽しさを味わう。
(4) 感じたこと、考えたことなどを音や動きなどで表現したり、自由にかいたり、つくったりなどする。
(5) いろいろな素材に親しみ、工夫して遊ぶ。
(6) 音楽に親しみ、歌を歌ったり、簡単なリズム楽器を使ったりなどする楽しさを味わう。
(7) かいたり、つくったりすることを楽しみ、遊びに使ったり、飾ったりなどする。
(8) 自分のイメージを動きや言葉などで表現したり、演じて遊んだりするなどの楽しさを味わう。

3 内容の取扱い

上記の取扱いに当たっては、次の事項に留意する必要がある。

(1) 豊かな感性は、身近な環境と十分に関わる中で美しいもの、優れたもの、心を動かす出来事などに出会い、そこから得た感動を他の幼児や教師と共有し、様々に表現することなどを通して養われるようにすること。その際、風の音や雨の音、身近にある草や花の形や色など自然の中にある音、形、色などに気付くようにすること。
(2) 幼児の自己表現は素朴な形で行われることが多いので、教師はそのような表現を受容し、幼児自身の表現しようとする意欲を受け止めて、幼児が生活の中で幼児らしい様々な表現を楽しむことができるようにすること。
(3) 生活経験や発達に応じ、自ら様々な表現を楽しみ、表現する意欲を十分に発揮させることができるように、遊具や用具などを整えたり、様々な素材や表現の仕方に親しんだり、他の幼児の表現に触れられるよう配慮したりし、表現する過程を大切にして自己表現を楽しめるように工夫すること。

◎保育所保育指針 —— 抜粋
(平成29年　厚生労働省　告示)

第2章　ねらい及び内容

1　乳児保育に関わるねらい及び内容

(1)　基本的事項

　ア　乳児期の発達については、視覚、聴覚などの感覚や、座る、はう、歩くなどの運動機能が著しく発達し、特定の大人との応答的な関わりを通じて、情緒的な絆（きずな）が形成されるといった特徴がある。これらの発達の特徴を踏まえて、乳児保育は、愛情豊かに、応答的に行われることが特に必要である。

　イ　本項においては、この時期の発達の特徴を踏まえ、乳児保育の「ねらい」及び「内容」については、身体的発達に関する視点「健やかに伸び伸びと育つ」、社会的発達に関する視点「身近な人と気持ちが通じ合う」及び精神的発達に関する視点「身近なものと関わり感性が育つ」としてまとめ、示している。

　ウ　本項の各視点において示す保育の内容は、第1章の2に示された養護における「生命の保持」及び「情緒の安定」に関わる保育の内容と、一体となって展開されるものであることに留意が必要である。

(2)　ねらい及び内容

　ア　健やかに伸び伸びと育つ

　　健康な心と体を育て、自ら健康で安全な生活をつくり出す力の基盤を培う。

　(ア) ねらい
　① 身体感覚が育ち、快適な環境に心地よさを感じる。
　② 伸び伸びと体を動かし、はう、歩くなどの運動をしようとする。
　③ 食事、睡眠等の生活のリズムの感覚が芽生える。

　(イ) 内容
　① 保育士等の愛情豊かな受容の下で、生理的・心理的欲求を満たし、心地よく生活をする。
　② 一人一人の発育に応じて、はう、立つ、歩くなど、十分に体を動かす。
　③ 個人差に応じて授乳を行い、離乳を進めていく中で、様々な食品に少しずつ慣れ、食べることを楽しむ。
　④ 一人一人の生活のリズムに応じて、安全な環境の下で十分に午睡をする。
　⑤ おむつ交換や衣服の着脱などを通じて、清潔になることの心地よさを感じる。

　(ウ) 内容の取扱い

　　上記の取扱いに当たっては、次の事項に留意する必要がある。

　① 心と体の健康は、相互に密接な関連があるものであることを踏まえ、温かい触れ合いの中で、心と体の発達を促すこと。特に、寝返り、お座り、はいはい、つかまり立ち、伝い歩きなど、発育に応じて、遊びの中で体を動かす機会を十分に確保し、自ら体を動かそうとする意欲が育つようにすること。

　② 健康な心と体を育てるためには望ましい食習慣の形成が重要であることを踏まえ、離乳食が完了期へと徐々に移行する中で、様々な食品に慣れるようにするとともに、和やかな雰囲気の中で食べる喜びや楽しさを味わい、進んで食べようとする気持ちが育つようにすること。なお、食物アレルギーのある子どもへの対応については、嘱託医等の指示や協力の下に適切に

対応すること。

イ　身近な人と気持ちが通じ合う

受容的・応答的な関わりの下で、何かを伝えようとする意欲や身近な大人との信頼関係を育て、人と関わる力の基盤を培う。

（ア）ねらい

① 安心できる関係の下で、身近な人と共に過ごす喜びを感じる。
② 体の動きや表情、発声等により、保育士等と気持ちを通わせようとする。
③ 身近な人と親しみ、関わりを深め、愛情や信頼感が芽生える。

（イ）内容

① 子どもからの働きかけを踏まえた、応答的な触れ合いや言葉がけによって、欲求が満たされ、安定感をもって過ごす。
② 体の動きや表情、発声、喃語(なん)等を優しく受け止めてもらい、保育士等とのやり取りを楽しむ。
③ 生活や遊びの中で、自分の身近な人の存在に気付き、親しみの気持ちを表す。
④ 保育士等による語りかけや歌いかけ、発声や喃語(なん)等への応答を通じて、言葉の理解や発語の意欲が育つ。
⑤ 温かく、受容的な関わりを通じて、自分を肯定する気持ちが芽生える。

（ウ）内容の取扱い

上記の取扱いに当たっては、次の事項に留意する必要がある。

① 保育士等との信頼関係に支えられて生活を確立していくことが人と関わる基盤となることを考慮して、子どもの多様な感情を受け止め、温かく受容的・応答的に関わり、一人一人に応じた適切な援助を行うようにすること。
② 身近な人に親しみをもって接し、自分の感情などを表し、それに相手が応答する言葉を聞くことを通して、次第に言葉が獲得されていくことを考慮して、楽しい雰囲気の中での保育士等との関わり合いを大切にし、ゆっくりと優しく話しかけるなど、積極的に言葉のやり取りを楽しむことができるようにすること。

ウ　身近なものと関わり感性が育つ

身近な環境に興味や好奇心をもって関わり、感じたことや考えたことを表現する力の基盤を培う。

（ア）ねらい

① 身の回りのものに親しみ、様々なものに興味や関心をもつ。
② 見る、触れる、探索するなど、身近な環境に自分から関わろうとする。
③ 身体の諸感覚による認識が豊かになり、表情や手足、体の動き等で表現する。

（イ）内容

① 身近な生活用具、玩具や絵本などが用意された中で、身の回りのものに対する興味や好奇心をもつ。
② 生活や遊びの中で様々なものに触れ、音、形、色、手触りなどに気付き、感覚の働きを豊かにする。
③ 保育士等と一緒に様々な色彩や形のものや絵本などを見る。
④ 玩具や身の回りのものを、つまむ、つかむ、たたく、引っ張るなど、手や指を使って遊ぶ。
⑤ 保育士等のあやし遊びに機嫌よく応じたり、歌やリズムに合わせて手足や体を動かして楽しんだりする。

（ウ）内容の取扱い

上記の取扱いに当たっては、次の事項に留意する必要がある。

① 玩具などは、音質、形、色、大きさなど子どもの発達状態に応じて適切なもの

を選び、その時々の子どもの興味や関心を踏まえるなど、遊びを通して感覚の発達が促されるものとなるように工夫すること。なお、安全な環境の下で、子どもが探索意欲を満たして自由に遊べるよう、身の回りのものについては、常に十分な点検を行うこと。

② 乳児期においては、表情、発声、体の動きなどで、感情を表現することが多いことから、これらの表現しようとする意欲を積極的に受け止めて、子どもが様々な活動を楽しむことを通して表現が豊かになるようにすること。

(3) 保育の実施に関わる配慮事項

ア 乳児は疾病への抵抗力が弱く、心身の機能の未熟さに伴う疾病の発生が多いことから、一人一人の発育及び発達状態や健康状態についての適切な判断に基づく保健的な対応を行うこと。

イ 一人一人の子どもの生育歴の違いに留意しつつ、欲求を適切に満たし、特定の保育士が応答的に関わるように努めること。

ウ 乳児保育に関わる職員間の連携や嘱託医との連携を図り、第3章に示す事項を踏まえ、適切に対応すること。栄養士及び看護師等が配置されている場合は、その専門性を生かした対応を図ること。

エ 保護者との信頼関係を築きながら保育を進めるとともに、保護者からの相談に応じ、保護者への支援に努めていくこと。

オ 担当の保育士が替わる場合には、子どものそれまでの生育歴や発達過程に留意し、職員間で協力して対応すること。

2 1歳以上3歳未満児の保育に関わるねらい及び内容

(1) 基本的事項

ア この時期においては、歩き始めから、歩く、走る、跳ぶなどへと、基本的な運動機能が次第に発達し、排泄の自立のための身体的機能も整うようになる。つまむ、めくるなどの指先の機能も発達し、食事、衣類の着脱なども、保育士等の援助の下で自分で行うようになる。発声も明瞭になり、語彙も増加し、自分の意思や欲求を言葉で表出できるようになる。このように自分でできることが増えてくる時期であることから、保育士等は、子どもの生活の安定を図りながら、自分でしようとする気持ちを尊重し、温かく見守るとともに、愛情豊かに、応答的に関わることが必要である。

イ 本項においては、この時期の発達の特徴を踏まえ、保育の「ねらい」及び「内容」について、心身の健康に関する領域「健康」、人との関わりに関する領域「人間関係」、身近な環境との関わりに関する領域「環境」、言葉の獲得に関する領域「言葉」及び感性と表現に関する領域「表現」としてまとめ、示している。

ウ 本項の各領域において示す保育の内容は、第1章の2に示された養護における「生命の保持」及び「情緒の安定」に関わる保育の内容と、一体となって展開されるものであることに留意が必要である。

(2) ねらい及び内容

ア 健康

健康な心と体を育て、自ら健康で安全な生活をつくり出す力を養う。

(ア) ねらい
① 明るく伸び伸びと生活し、自分から体を動かすことを楽しむ。
② 自分の体を十分に動かし、様々な動きをしようとする。
③ 健康、安全な生活に必要な習慣に気付き、自分でしてみようとする気持ちが育つ。

(イ) 内容
① 保育士等の愛情豊かな受容の下で、安定感をもって生活をする。
② 食事や午睡、遊びと休息など、保育所における生活のリズムが形成される。
③ 走る、跳ぶ、登る、押す、引っ張るなど全身を使う遊びを楽しむ。
④ 様々な食品や調理形態に慣れ、ゆったりとした雰囲気の中で食事や間食を楽しむ。
⑤ 身の回りを清潔に保つ心地よさを感じ、その習慣が少しずつ身に付く。
⑥ 保育士等の助けを借りながら、衣類の着脱を自分でしようとする。
⑦ 便器での排泄に慣れ、自分で排泄ができるようになる。

(ウ) 内容の取扱い
上記の取扱いに当たっては、次の事項に留意する必要がある。
① 心と体の健康は、相互に密接な関連があるものであることを踏まえ、子どもの気持ちに配慮した温かい触れ合いの中で、心と体の発達を促すこと。特に、一人一人の発育に応じて、体を動かす機会を十分に確保し、自ら体を動かそうとする意欲が育つようにすること。
② 健康な心と体を育てるためには望ましい食習慣の形成が重要であることを踏まえ、ゆったりとした雰囲気の中で食べる喜びや楽しさを味わい、進んで食べようとする気持ちが育つようにすること。なお、食物アレルギーのある子どもへの対応については、嘱託医等の指示や協力の下に適切に対応すること。
③ 排泄の習慣については、一人一人の排尿間隔等を踏まえ、おむつが汚れていないときに便器に座らせるなどにより、少しずつ慣れさせるようにすること。
④ 食事、排泄、睡眠、衣類の着脱、身の回りを清潔にすることなど、生活に必要な基本的な習慣については、一人一人の状態に応じ、落ち着いた雰囲気の中で行うようにし、子どもが自分でしようとする気持ちを尊重すること。また、基本的な生活習慣の形成に当たっては、家庭での生活経験に配慮し、家庭との適切な連携の下で行うようにすること。

イ　人間関係
他の人々と親しみ、支え合って生活するために、自立心を育て、人と関わる力を養う。

(ア) ねらい
① 保育所での生活を楽しみ、身近な人と関わる心地よさを感じる。
② 周囲の子ども等への興味や関心が高まり、関わりをもとうとする。
③ 保育所の生活の仕方に慣れ、きまりの大切さに気付く。

(イ) 内容
① 保育士等や周囲の子ども等との安定した関係の中で、共に過ごす心地よさを感じる。
② 保育士等の受容的・応答的な関わりの中で、欲求を適切に満たし、安定感をもって過ごす。
③ 身の回りに様々な人がいることに気付き、徐々に他の子どもと関わりをもって遊ぶ。
④ 保育士等の仲立ちにより、他の子どもとの関わり方を少しずつ身につける。

⑤ 保育所の生活の仕方に慣れ、きまりがあることや、その大切さに気付く。
⑥ 生活や遊びの中で、年長児や保育士等の真似をしたり、ごっこ遊びを楽しんだりする。
(ウ) 内容の取扱い
　上記の取扱いに当たっては、次の事項に留意する必要がある。
① 保育士等との信頼関係に支えられて生活を確立するとともに、自分で何かをしようとする気持ちが旺盛になる時期であることに鑑み、そのような子どもの気持ちを尊重し、温かく見守るとともに、愛情豊かに、応答的に関わり、適切な援助を行うようにすること。
② 思い通りにいかない場合等の子どもの不安定な感情の表出については、保育士等が受容的に受け止めるとともに、そうした気持ちから立ち直る経験や感情をコントロールすることへの気付き等につなげていけるように援助すること。
③ この時期は自己と他者との違いの認識がまだ十分ではないことから、子どもの自我の育ちを見守るとともに、保育士等が仲立ちとなって、自分の気持ちを相手に伝えることや相手の気持ちに気付くことの大切さなど、友達の気持ちや友達との関わり方を丁寧に伝えていくこと。

ウ　環境
　周囲の様々な環境に好奇心や探究心をもって関わり、それらを生活に取り入れていこうとする力を養う。
(ア) ねらい
① 身近な環境に親しみ、触れ合う中で、様々なものに興味や関心をもつ。
② 様々なものに関わる中で、発見を楽しんだり、考えたりしようとする。
③ 見る、聞く、触るなどの経験を通して、感覚の働きを豊かにする。
(イ) 内容
① 安全で活動しやすい環境での探索活動等を通して、見る、聞く、触れる、嗅ぐ、味わうなどの感覚の働きを豊かにする。
② 玩具、絵本、遊具などに興味をもち、それらを使った遊びを楽しむ。
③ 身の回りの物に触れる中で、形、色、大きさ、量などの物の性質や仕組みに気付く。
④ 自分の物と人の物の区別や、場所的感覚など、環境を捉える感覚が育つ。
⑤ 身近な生き物に気付き、親しみをもつ。
⑥ 近隣の生活や季節の行事などに興味や関心をもつ。
(ウ) 内容の取扱い
　上記の取扱いに当たっては、次の事項に留意する必要がある。
① 玩具などは、音質、形、色、大きさなど子どもの発達状態に応じて適切なものを選び、遊びを通して感覚の発達が促されるように工夫すること。
② 身近な生き物との関わりについては、子どもが命を感じ、生命の尊さに気付く経験へとつながるものであることから、そうした気付きを促すような関わりとなるようにすること。
③ 地域の生活や季節の行事などに触れる際には、社会とのつながりや地域社会の文化への気付きにつながるものとなることが望ましいこと。その際、保育所内外の行事や地域の人々との触れ合いなどを通して行うこと等も考慮すること。

エ　言葉
　経験したことや考えたことなどを自分なりの言葉で表現し、相手の話す言葉を聞

こうとする意欲や態度を育て、言葉に対する感覚や言葉で表現する力を養う。
(ア) ねらい
① 言葉遊びや言葉で表現する楽しさを感じる。
② 人の言葉や話などを聞き、自分でも思ったことを伝えようとする。
③ 絵本や物語等に親しむとともに、言葉のやり取りを通じて身近な人と気持ちを通わせる。
(イ) 内容
① 保育士等の応答的な関わりや話しかけにより、自ら言葉を使おうとする。
② 生活に必要な簡単な言葉に気付き、聞き分ける。
③ 親しみをもって日常の挨拶に応じる。
④ 絵本や紙芝居を楽しみ、簡単な言葉を繰り返したり、模倣をしたりして遊ぶ。
⑤ 保育士等とごっこ遊びをする中で、言葉のやり取りを楽しむ。
⑥ 保育士等を仲立ちとして、生活や遊びの中で友達との言葉のやり取りを楽しむ。
⑦ 保育士等や友達の言葉や話に興味や関心をもって、聞いたり、話したりする。
(ウ) 内容の取扱い
　上記の取扱いに当たっては、次の事項に留意する必要がある。
① 身近な人に親しみをもって接し、自分の感情などを伝え、それに相手が応答し、その言葉を聞くことを通して、次第に言葉が獲得されていくものであることを考慮して、楽しい雰囲気の中で保育士等との言葉のやり取りができるようにすること。
② 子どもが自分の思いを言葉で伝えるとともに、他の子どもの話などを聞くことを通して、次第に話を理解し、言葉による伝え合いができるようになるよう、気持ちや経験等の言語化を行うことを援助す

るなど、子ども同士の関わりの仲立ちを行うようにすること。
③ この時期は、片言から、二語文、ごっこ遊びでのやり取りができる程度へと、大きく言葉の習得が進む時期であることから、それぞれの子どもの発達の状況に応じて、遊びや関わりの工夫など、保育の内容を適切に展開することが必要であること。

オ　表現
　感じたことや考えたことを自分なりに表現することを通して、豊かな感性や表現する力を養い、創造性を豊かにする。
(ア) ねらい
① 身体の諸感覚の経験を豊かにし、様々な感覚を味わう。
② 感じたことや考えたことなどを自分なりに表現しようとする。
③ 生活や遊びの様々な体験を通して、イメージや感性が豊かになる。
(イ) 内容
① 水、砂、土、紙、粘土など様々な素材に触れて楽しむ。
② 音楽、リズムやそれに合わせた体の動きを楽しむ。
③ 生活の中で様々な音、形、色、手触り、動き、味、香りなどに気付いたり、感じたりして楽しむ。
④ 歌を歌ったり、簡単な手遊びや全身を使う遊びを楽しんだりする。
⑤ 保育士等からの話や、生活や遊びの中での出来事を通して、イメージを豊かにする。
⑥ 生活や遊びの中で、興味のあることや経験したことなどを自分なりに表現する。
(ウ) 内容の取扱い
　上記の取扱いに当たっては、次の事項に留意する必要がある。

① 子どもの表現は、遊びや生活の様々な場面で表出されているものであることから、それらを積極的に受け止め、様々な表現の仕方や感性を豊かにする経験となるようにすること。
② 子どもが試行錯誤しながら様々な表現を楽しむことや、自分の力でやり遂げる充実感などに気付くよう、温かく見守るとともに、適切な援助を行うようにすること。
③ 様々な感情の表現等を通じて、子どもが自分の感情や気持ちに気付くようになる時期であることに鑑み、受容的な関わりの中で自信をもって表現をすることや、諦めずに続けた後の達成感等を感じられるような経験が蓄積されるようにすること。
④ 身近な自然や身の回りの事物に関わる中で、発見や心が動く経験が得られるよう、諸感覚を働かせることを楽しむ遊びや素材を用意するなど保育の環境を整えること。

(3) 保育の実施に関わる配慮事項

ア 特に感染症にかかりやすい時期であるので、体の状態、機嫌、食欲などの日常の状態の観察を十分に行うとともに、適切な判断に基づく保健的な対応を心がけること。
イ 探索活動が十分できるように、事故防止に努めながら活動しやすい環境を整え、全身を使う遊びなど様々な遊びを取り入れること。
ウ 自我が形成され、子どもが自分の感情や気持ちに気付くようになる重要な時期であることに鑑み、情緒の安定を図りながら、子どもの自発的な活動を尊重するとともに促していくこと。
エ 担当の保育士が替わる場合には、子どものそれまでの経験や発達過程に留意し、職員間で協力して対応すること。

【監修者紹介】

谷田貝公昭（やたがい・まさあき）
　目白大学名誉教授、NPO法人子ども研究所理事長
[主な著書]『インターネットではわからない子育ての正解（幼児編）』（監修、一藝社、2021年）、『しつけ事典』（監修、一藝社、2013年）、『新版・保育用語辞典』（編集代表、一藝社、2016年）、『実践・保育内容シリーズ[全6巻]』（監修、一藝社、2014～2015年）、『絵でわかるこどものせいかつずかん[全4巻]』（監修、合同出版、2012年）ほか多数

【編著者紹介】

谷田貝公昭（やたがい・まさあき）
　〈監修者紹介参照〉

髙橋弥生（たかはし・やよい）
　目白大学人間学部教授
[主な著書]『しつけ事典』（編集代表、一藝社、2013年）、『健康　実践・保育内容シリーズ』編著、一藝社、2014年）、『データでみる幼児の基本的生活習慣』（共著、一藝社、2007年）、『イラストでわかる日本の伝統行事・行事食』（共著、合同出版、2017年）ほか多数

【執筆者紹介】（五十音順）

今井康晴（いまい・やすはる）　　　　　［第11章］
　東京未来大学こども心理学部専任講師

岩城淳子（いわき・じゅんこ）　　　　　［第3章］
　白鷗大学教育学部教授

大森宏一（おおもり・こういち）　　　　［第14章］
　大阪信愛学院大学教育学部教育学科准教授

加藤達雄（かとう・たつお）　　　　　　［第9章］
　常磐会学園大学教授

甲賀崇史（こうが・たかし）　　　　　　［第13章］
　常葉大学保育学部専任講師

塩野谷祐子（しおのや・ゆうこ）　　　　［第12章］
　こども教育宝仙大学こども教育学部准教授

髙橋弥生（たかはし・やよい）　　　　　［第7章］
　〈編著者紹介参照〉

畑中ルミ（はたなか・るみ）　　　　　　［第10章］
　元姫路獨協大学医療保健学部教授

範　衍麗（はん・えんれい）　　　　　　［第6章］
　大阪成蹊短期大学幼児教育学科准教授

平松美由紀（ひらまつ・みゆき）　　　　［第15章］
　環太平洋大学次世代教育学部こども発達学科准教授

藤村透子（ふじむら・みちこ）　　　　　［第4章］
　　作新学院大学女子短期大学部准教授

牧野共明（まきの・ともあき）　　　　　［第8章］
　　元山口短期大学児童教育学科教授

谷田貝公昭（やたがい・まさあき）　　　［第1章］
　　〈監修者紹介参照〉

谷田貝 円（やたがい・まどか）　　　　［第5章］
　　浜竹幼稚園教諭

米谷光弘（よねたに・みつひろ）　　　　［第2章］
　　西南学院大学人間科学部教授

装丁　（デザイン）本田いく
　　　（イラスト）ふじたかなこ

図表作成　望月まゆみ（ルナピデザイン）

コンパクト版 保育内容シリーズ①

健康

2018年3月15日　初版第1刷発行
2022年8月30日　初版第3刷発行

監修者　谷田貝 公昭
編著者　谷田貝 公昭・髙橋 弥生
発行者　菊池 公男

発行所　株式会社 一藝社
〒160-0014 東京都新宿区内藤町1-6
Tel. 03-5312-8890　Fax. 03-5312-8895
E-mail : info@ichigeisha.co.jp
HP : http://www.ichigeisha.co.jp
振替　東京 00180-5-350802
印刷・製本　シナノ書籍印刷株式会社

©Masaaki Yatagai
2018 Printed in Japan
ISBN 978-4-86359-150-9 C3037
乱丁・落丁本はお取り替えいたします